KB248444

서문문고
103

대학의 이념

칼. 야스퍼스 저
민 준 기 역

THE IDEA OF THE UNIVERSITY

by

Karl Jaspers

역자 서문

  지금 우리는 민족의 중흥을 지향하고 있다. 우리는 미래에 대한 밝은 희망을 가지고 기어이 조국 근대화의 대업을 성취하지 않으면 안 된다. 그럴수록 지식은 미래를 여는 관건으로서 그 중요성이 고조된다. 이제 지식의 보존·개발·전승을 임무로 하는 대학의 사명은 과거 어느 때보다도 무겁다. 종전처럼 대학이 좁은 분야의 지식을 가진 전문인들을 양성하는 것만으로는 오늘의 시대적 요청에 부응할 수 없다.

  보다 폭넓은 인생관·사회관·세계관을 가지고, 또 보다 장기적 '비전'으로 내일을 위해 준비하는 지도자들을 양성하는 일에 역점을 두어야 할 것이다. 한 나라의 경제와 문화에 활력소를 부여하는 대학 교육은, 개인의 발전뿐만 아니라 사회의 진보 및 국가의 발전 수단으로 여겨지고 있다. 1960년대의 한국의 근대화의 급진적인 발전은 많은 대학 졸업생을 배출해서 충분한 인적 자원을 동원할 수 있었기 때문이다.

  그러나 한국의 대학은 근본적으로 우리 국민의 올바

른 정신적인 자세와 새로운 교육적인 노력에 의해서 밑받침되어야 한다. 대학을 운영하는 총장이나 가르치는 교수, 배우는 학생들이 대학의 이념을 진정으로 얼마나 이해하고 있는가? 우리는 대학의 이념을 충분히 이해하여 알찬 대학을 건설해야 한다. 어느 나라를 막론하고 대학은 그 나라의 심장으로서 국가 발전의 원동력이 된다. 대학에서의 연구활동을 통해서 얻어진 연구결과로서의 진리는 구체적인 사회활동에 적용되어 새로운 발전을 가져오는 촉매로서의 역할을 했다. 대학이 연구기관으로서의 제구실을 다한 사회와 시대는 발전과 번영을 이룩할 수 있었다. 그러나 대학이 제대로 그 기능을 다하지 못한 사회나 국가는 항상 침체 상태를 면하지 못한 사실을 우리는 역사를 통하여 알고 있다. 이와 같이 대학의 위치는 중차대한 것이다. 역자가 칼 야스퍼스의 ≪대학의 이념≫을 소개하는 것도 대학의 중요성을 강조하는 의미에서이다.

　이번의 가로쓰기 이 신판은 그 동안 번역이 불충분했던 여러 군데를 수정한 개정판임을 밝히면서, 끝으로 이 책이 학생들의 인생관·사회관·세계관을 보다 폭넓게 하고 알찬 대학생활에 보탬이 되었으면 한다.

역　자 씀.

차 례

서 론

대학(大學)은 진리(眞理)를 탐구하는 일에 종사하는 학자와 학생들의 집단이다. 대학은 그 운영 수단이 기부금, 오랜 자산권, 또는 국가, 그 어느 것으로부터 얻어지든 상관없다. 혹은 대학 최초의 공식 인가(公式認可)가 로마 교황의 교서(敎書), 제국 헌장, 또는 지방이나 국가의 법률, 그 어느 것에 의해 이루어졌든 상관없이, 스스로의 업무를 집행해 나가는 단체이다. 어느 경우를 막론하고, 대학의 자주적인 존재는 그 창설자의 입장에서 볼 때 뚜렷한 소망과 끊임없는 인내를 반영한다.

교회와 마찬가지로, 대학은 초자연적이고 전세계적인 성격을 지닌 불멸의 이념으로부터 그 자율성을 부여받는다. 그 자율성은 국가도 존중하는 것이며, 그것이 바로 학원의 자유이다. 이것이야말로 대학이 요구하는 것이고, 또한 당연한 대학의 권리이다. 학원의 자유란 진리를 가르쳐야 한다는 의무를 수반하는 특권이며, 대학의 외부나 내부에서 그 특권을 박탈하려는 자들을 도외시한다.

대학은 하나의 학교이다. 그러나 매우 특수한 종류의 학교이다. 대학은 교육을 위한 곳만이 아니다. 그보다도, 학생들은 적극적으로 연구에 참가하고, 그 연구의 경험으로부터 일생을 통해서 지니게 될 지적(知的) 수양(修養)과 교양을 얻게 된다. 이상적으로 말하자면, 학생들은 자율적으로 사고하고, 비판적으로 들으며, 자기 자신에 대해 책임을 진다. 그들은 배울 자유를 갖고 있다.

대학은 국가와 사회의 용인하에, 그 시대의 가장 뚜렷하고 있음직한 자아의식(自我意識)을 배양할 수 있는 장소이다. 사람들은 진리탐구라는 유일한 목적을 위해서 이곳에 모일 수 있다. 왜냐하면 인간이 아무런 조건 없이 진리를 탐구하기 위해서, 또 오직 진리탐구 그 자체를 위해서, 어느 장소를 허용받아야 한다는 것은 인간의 권리이기 때문이다.

그러나 그와 동시에 국가와 사회는 대학에 대해 적극적인 관심을 갖는다. 그도 그럴 것이, 대학은 그 졸업생들로 하여금 학문적 능력과 지적 수련을 요하는 공무에 종사할 수 있도록 준비시켜 주기 때문이다. 학과(學科)나 특수한 결과에 관계없이, 성실한 연구에 참가함으로써 대학 졸업생이 얻는 지적 수련이 잠재적인 이용 가치를 갖고 있다는 것은 부정할 수 없는 사실이다. 그러나 그러한 잠재적 유용도가 불확실하다고 할지라도, 인

간의 근본적인 결심(決心), 즉 무한히, 또 어떤 대가(代
價)를 치르고서라도 진리를 탐구하겠다는 결심은 변함
이 없다. 이렇게 자신을 계속 밀고 나갈 결심 없이는
인간은 그가 도달할 수 있는 통찰의 수준까지 결코 오
를 수 없다. 이와 같이 대학은 실제적인 목적을 가진
기구이지만, 우선 그러한 목적을 초월하고 나서 후에
좀더 명백하고 강력하게, 또 침착히 그 목적으로 돌아
갈 수 있는 정신적인 노력으로써 대학의 목적을 달성할
수 있다.

진리란 무엇이며 어떻게 얻어지는가를 손쉽게 말로써
나타내기는 불가능하다. 사실상 그 해답들은 대학생활
바로 그 자체 내에서 간접적으로 나타날 뿐이며, 그나마
궁극적인 해답도 아니다. 그러므로 이 책은 그 해답의
일부분만을 말해 주기 위한 잠정적인 시도에 불과하다.

대학은 알고자 하는 인간의 근본적인 결단을 단체로
서 실현케 한다. 대학의 가장 직접적인 목적은, 우리가
무엇을 알아야 할 것인가, 또 앎을 통해 우리가 어떻게
되는가를 발견하는 것이다. 이러한 알고자 하는 열의는
관찰을 통해, 조직적인 사고를 통해, 그리고 객관성을
기르기 위한 훈련으로서의 자기 비판을 통해 표현된다.
지식의 한계, 그리고 지적탐구에는 본래 따르게 마련
인, 특수한 위험이나 긴장에 직면할 경우에도 이와 같
은 열의는 변하지 않는다.

단일성(oneness)과 전체성(wholeness)이 바로 인간이 알고자 하는 의지의 본질이다. 실제에 있어서, 이 단일성과 전체성은 단지 전문 분야에서만 실현된다. 그러나 바로 이 전문 분야들은 학문이라는 단일한 본체(本體)를 이루는 구성요소(構成要素)로서만 그 존재 가치가 있다. 여러 원리들은 통합되어 하나의 체계를 이루며, 이 체계(體系)는 단일화된 학문의 비전 속에서, 또한 신학과 철학 속에서 그 정점에 달하게 된다. 물론 이러한 질서의 체계가 양극성을 지니고 있는 것도 사실이다. 따라서 서로 일치하지 않고 또 배타적인 성질을 가진 여러 부문으로 나누어지기가 일쑤이다. 그럼에도 불구하고 지식의 통일은 여전히 존재한다. 다루는 주제나 문제가 아무리 다양하더라도, 학자들은 공통된 학문적1) 견해에 의하여 서로 결합되기 때문이다.

이렇게 보면, 대학이란 학문적 견지에서 진리를 탐구하고 전달하는 데 직업적으로 몸바친 사람들을 통합시켜 주는 기구라고 할 수 있다.

진리는 체계적 탐구에 의해서 얻어질 수 있다. 따라서 대학의 제일차적 관심은 연구이다. 진리의 영역은 학문의 영역을 훨씬 초월하므로 학자들은 다만 전문가로서뿐만 아니라 한 인간으로서 진리를 위해 헌신해야 한다.

---

1. Wissenschaft. 영어의 sciences와 humanities의 두 명사를 함께 포괄함.

따라서 대학에 있어서의 진리탐구는 전인적(全人的)인 진지한 수행을 요구한다. 대학의 2차적 관심은 가르치는 일이다. 진리는 또한 전달되어야 하기 때문이다.

더 나아가, 이해한다는 것은 지적(知的)으로 성숙해야 가능한 일인데, 그것도 정신적 성숙에 그치는 것이 아닌 전인적 성숙을 전제로 한다.

따라서 가르침과 연구의 목적은 단순한 사실과 기술의 전달 이상의 것이다. 가르침과 연구는 전인의 형성을 목표로 한다. 다시 말하면, 가장 광범위한 의미의 교육을 목표로 하는 것이다.

대학의 이념을 상세히 기록하려 한다는 것은 우리가 결코 완전히 도달할 수는 없는 이상을 향해 나아감을 의미한다. 이 책은 세 가지 방법으로 서술하고자 한다.

첫째, 이 책에서 우리는 지적(知的) 생활 일반(生活一般)의 본질을 고찰한다. 그 생활의 한 가지 형태가 바로 대학에서 실현된다. 둘째, 우리는 대학에 있어서의 지적 생활을 단체적으로 실현하는 데 따르는 책임에 대해 생각해 본다. 마지막으로, 대학의 구체적인 재단 설립(財團設立)과 그것이 대학의 기능에 미치는 영향에 대해 고찰해 보겠다.

Ⅰ. 지적 생활

만일 대학이 학문과 학술에 이바지하고, 또 학문과 학술이 포괄적인 지적 생활의 일부로서 존재할 때 비로소 가치를 지닌다면, 이러한 지적 생활이야말로 대학의 생명인 것이다.

대학에서의 지적 생활말고도 여러 가지 형태의 지적 생활이 있다. 그런데 대학에서의 지적 생활의 특색은 제도화(制度化)되고 조직적인 학자들 간의 공동 연구로서 나타난다. 이처럼 대학의 이념과 그 제도적 형태를 이해하기 위하여, 우리는 우선 일반적인 지적 생활에 특성한 학문, 또는 학술의 본질에 대해 언급하지 않으면 안 된다.

1. 학문의 본질

학문의 기본적 특성

학문은 조직적이고 설득력이 있으며 보편타당성을 갖는 지식을 대표한다. 학문적 지식의 이 세 가지 특성을 각각 논의해 보기로 하자.

첫째, 학문은 '조직적 방법'의 개념과 불가분의 관계를 가지고 있다. 우리가 연구하고 있는 주제(主題)의 결과를 얻기 위해 어떠한 방법을 써야 하는가는 그 주제 자체에 의해서 결정된다. 우리가 연구하는 관점(觀點)과 자료의 한계는 선택된 방법에 의해 규정된다. 학문적 사고와 정반대되는 것은 비조직적인 어림짐작이나, 절대적 신뢰 속에서 무비판적(無批判的)으로 사상을 받아들이는 태도이다.

이렇게 받아들여진 것이 학문적인 추구의 결과일 수 있다고 할지라도, 그러한 무비판적인 수용이 역시 비학문적인 것임에는 틀림없다. 그러한 지식은 사실상 미신적인 '학문 숭배(學文崇拜)'의 한 종류이다. 우리가 받아들이는 사상(思想)을 스스로 제어하지 못한다면, 우리는 그 사상의 희생물이 될 것이다. 우리가 그 얻어진 방법을 이해하고, 그 관점과 의미를 이해할 때 비로소 지식은 상대성(相對性)을 지니게 된다. 우리가 그처럼 '사실'을 제한하지 않으면 그것은 기만적인 절대성을 갖게 된다.

둘째, 학문적 지식은 설득력을 가진다. 우리가 학문적으로 이해할 수 있는 진리는 순전히 이성적(理性的) 증거에 의한 것이다. 진리는 그것이 지탱하기 때문에 옳은 것이요, 어떠한 이상의 개인적 언질은 필요로 하지 않는다. 신념은 이런 유형의 지식과는 정반대의 것이다. 신념의 진실성은 우리 자신의 삶의 견지에서 본 그 신념에 대한 우리의 개인적 서약에 그 생명이 달려 있다.

갈릴레오가 종교재판에서 그의 주장을 의미심장하게 철회할 수 있었던 것도 이런 까닭이다.(그는 자신의 지동설(地動說)을 철회한 후 '그러나 지구는 움직인다'라고 말한 것으로 알려져 있다. 이것은 글자 그대로가 사실이라기보다 그 사건이 지닌 정신을 진실하게 표현한 것으로 보아야 한다. 갈릴레오는 자신의 부인(否認)이 진리를 변하게 할 수는 없다는 것을 알고 있었다.)

한편 브루노의 경우, 그는 기꺼이 양보하여 모든 비본질적 원리를 취소하는 동시에 자신의 근본적인 철학적 신념에 대한 부인은 용감히 거부했다. 그 신념의 진실성은 순순히 이론적인 면에서 볼 때 설득력이 없기 때문에, 만일 브루노가 부인했다면 그 진실성도 반박되었을 것이다. 따라서 신념에 있어서의 진리는 그 철학자의 확고하고 열의에 찬 보증에 의해 증명되기 전에는 완전히 확립될 수 없다.

셋째, 학문적인 발견은 보편타당성을 갖는다. 그 설득성은 누구나 입증할 수 있다. 이 때문에 학문적 지식의 보급은 학문적 견해의 존재를 수반한다. 의견의 일치는 보편타당성을 표시한다. 따라서 사람들이 학문적 견지에서 사고하는 곳이라면 어디에서나 학문적 진리가 보급될 수 있다.

철학에 있어서는 그러한 보편타당성은 현저하게 부재(不在)한다. 그도 그럴 것이, 만일 하나의 주어진 철학적 신념이 보편적으로 받아들여질 수 있다면, 그 신념에 대한 개인적인 서약은 필요하지 않기 때문이다. 반대로 말하자면, 학문적 지식의 상대성은 그 지식의 보편적인 수용(受容)과 관련되어 있다. 연구란, 그 보편적 설득력을 지닌 발견이 절대적으로 타당하다면 더 이상 발전할 수 없다.

학문의 좁은 개념과 넓은 개념

학문적 지식의 이러한 개념은 비록 간단하기는 해도, 매우 점진적으로 발전해 왔고, 또 끊임없는 위협을 받고 있다. 그것은 그 자체를 위해 우리가 끝없이 노력할 것을 요구한다. 학문은 사고(思考)의 전체가 아니다. 만일 그렇다면, 어린이가 무엇을 나타내고자 하는 최초의 시도도 역시 학문이 되어야 할 것이다. 개념(槪念)들을 논리적 연쇄(連鎖)로 정리하는 것은 더욱이 학문과 동일시될 수 없다. 또한 개념과 현상(現象)을 합리적으로 배열하는 것도 학문이 아니다. 학문적 유형의 지식을 비학문적 유형들과 구별하여 전체 사고 내에서 뚜렷한 경계선을 그을 때 비로소 학문이 시작된다.

이렇게 협소하고 진정한 의미에 있어서의 학문은 지식의 확장과 함께 연대적(連帶的)으로 발생하였다. 그것은 발견의 학문, 즉 연구로서 출발하였다.

이 연구는 새로운 방법으로 조직화되었다. 실험적 가정(假定)이 실제로 시험되고 확인되고, 또 반박된다. 이것은 자료와의 투쟁이다. 자료는 당연하게 받아들여지는 것이 아니라 가능한 함의(含意)를 찾기 위해 조사되어진다. 우리의 가정을 수학적 언어로 표시하고 우리의 관찰을 좀더 나은 측정을 통해 정리함으로써, 우리는 끊임없이 더욱더 정확하고자 하는 욕망을 충족시킨다.

가정과 관찰 사이의 일치 또는 불일치를 판단기준(criteria)으로서, 효과적으로 하려면, 우리는 우선 가장 정확한 일치 또는 불일치의 조건, 즉 가정과 관찰의 명확한 정의를 내려야 한다. 학문은 종래의 보편적 설득력의 표준을 앞질렀을 뿐만 아니라, 개개의 경우에 좇아 자신의 가정을 명확히 내세웠다. 모든 가정은 실험적인 것이며, 특수한 편향(偏向)을 위해 진리와 사실을 방해하거나 왜곡시키는 행위는 배제된다. 오로지 이런 의미에 있어서만 학문은 '객관적'이다. 학문에 있어서는 충분히 객관적이라고 인정되는 가정을 사용하며, 그것이 발견의 도구로서 가능한 효과를 지녔는가를 엄밀히 시험한다.

학문적 가정의 진실 여부는 오직 경험에 의해서만 시험될 수 있다. 어떤 가정의 성패는 그 가정의 특수한 적용을 넘어 진리 전체와 관련을 갖고 있다. 수많은 이론(理論) 중에서 몇 개만이 선택되고 나머지는 무시되는 것은 우연일까? 학자가 어떤 선택을 하게 되는 것은 행운, 즉 사실에의 예기치 않은 접근에 의해서일까? 그것은 설명할 수 없는 직관적인 것일까? 과거를 돌이켜보면, 위대한 발견은 항상 바탕이 되는 기초적 원리로부터 자연스럽게 귀결되는 것인 성싶다. 그러나 그 당시에는 이러한 발견이 가지는 이론적 중요성이 아주 뚜렷하지는 못했다.

어떻게 하여 갈릴레오와 라부아지에(Lavoisier)는 바로 현재까지도 새로운 지류(支流)를 형성하면서 계속 효력을 지니고 있는 연구 방향을 작동(作動)시킬 수 있었던 것일까? 그렇게 함으로써 라부아지에의 경우, 그는 이전부터 있었던 가정들을 최초로 영속적이고 절대적인 진리의 위치로 끌어올렸다. 그것이 바로, 더 이상 나누어질 수 없는 것은 원소(元素)라는 가정이다. 물질은 만들어지거나 파괴될 수 없다. 모든 물질은 같은 중력(重力)을 받고 있으며, 무게는 질량(質量)을 나타내는 확실한 지수(指數)이다. 저울은 라부아지에의 시대 이전부터 쓰여져 왔다. 그러나 기본적 원리로서, 저울 눈금이 나타내는 증거와 일치하지 않는 논리적 일관성과의 타협, 또는 예외(例外)를 배제한 것은 그가 최초였다. 라부아지에가 내세운 가정은 관념적(觀念的) 증거와는 반대였다.

　이런 뚜렷한 불일치는 항상 그러한 가정을 포기하도록 유혹했다. 그렇다면 라부아지에가 공론(空論)의 광신자와 다른 점은 무엇인가? 그의 성과는 그의 지적 역량 때문이었을까? 아니면 단순한 행운의 일치 때문이었을까? 둘 다 아니었다. 그의 주장이 성공한 것은 당시의 학자들이 라부아지에의 실험을 이미 독자적으로 증명할 수 있었으므로 그 가정의 절대적인 진리를 받아들일 만한 준비가 되어 있었기 때문이다.

　각 시대마다 자칭 '진리의 보호자'들이 있어 새로운 가정을 소개하려는 급진적인 시도에 대해 맹렬히 저항하며 맞섰다. 그러한 비판의 결과가 빚어내는 것은 다음과 같은 것뿐이다. 즉, 학문의 모든 분야는 단지 상대적 타당성만을 지닌 가정을 세워 연구하며, 이 가정은 실재(reality) 그 자체를 기술하는 것이 아니라 다만 실재가 지닌 현상의 특수한 외관을 기술한다는 것이다. 가정이 지니는 타당성은 단지 시험적(試驗的)인 것이다. 순수 고찰을 통한 수많은 헛된 노력 가운데서 언제나 놀라운 큰 이익을 가져다 주는 것은 극히 드문 성공이다. 그렇기 때문에 진실한 학자는 지금까지의 것을 입증하지 못하거나, 미래에 어떤 수확을 가져다 주지 못할 순수이론은 믿지 않는다.

이렇게 볼 때, 학문을 특징짓는 것은 다음과 같다. 즉, 우리는 단지 상대적으로 타당하다고 알고 있는 가정의 테두리 안에서만 보편타당한 설득력 있는 실제의 지식을 얻을 수 있다.

새로운 학문은 수학적 자연과학으로서 출발하였다. 그 원동력이 되는 것은 학문적 방법을 보편적으로 적용할 수 있는 혁신적 개념이다. 그리스의 학문조차도 몇몇 형태의 수학과 플라톤 철학을 제외하고는, 시초부터의 완성과 학문 그 자체를 근본적으로 완전한 것으로 생각하는 관념에 의해 지속되었다. 그 학문의 보편성은 우주를 밀폐된 유한한 것으로 보는 관념에 의거한 것이다. 한편 '새로운 학문'의 보편성은 포괄적인 우주 체계에 의거한 것이 아니고, 모든 것을 학문적으로 연구 조사하려는 편견 없는 마음의 준비에 의거한 것이다. 그리스적 학문의 형태가 오늘날까지도 남아 있는 것은 사실이다. 그 때문에 일반적인 이해에 있어서 현대적 학문의 진정한 의미가 왜곡된다.

현대 학문은 지금까지의 발견을 기초로 계속 무한히 광활한 존재의 영역으로 더욱 깊숙이 침투하려 한다. 현대 학문은 지금까지 알아내지 못한 것을 찾아내려고 노력하며, 우주를 실현하려는 것이 아니라, 과학적 조직으로 이루어진 우주의 이념과 무한한 우주 내에서의 단일화된 학문을 실현하고자 노력한다.

탐구의 문이 크게 열리고 실제 세계의 풍부한 것에 새로운 감각이 눈을 떴으며, 또 여러 다른 수준의 존재, 즉 무생명·생명·영혼, 그리고 정신 사이의 간격에 대해 새롭게 의식하게 되었다. 따라서 우리는 실제에 대한 여러 가지 이해의 범주에 관해 체계적인 인식을 새롭게 하게 되었다. 시초에 이 '새로운' 학자들은 실제 세계를 인과적(因果的)이고 논리적이며 또 측량하고 세는 등, 양적(量的)인 용어로 바꾸어 나타냄으로써, 그 세계를 무미건조하게 만들었다. 간단히 말해, 그들은 이 세계를 인간이 만든 친숙한 용어로 표현하여 이해하고자 했다. 차츰 이해의 범주가 뚜렷이 정의(定意)되었으며 따라서 기존 범주를 희생하지 않고도 이해의 범주를 혼동하지 않게 되었다. 보편타당성과 설득력을 가진 것이 과연 무엇인가에 대한 초점이 바꾸어졌다.

새로운 학문의 방법과 한계를 명확히 하는 데 있어

서, 그것과 다른 사고(思考)의 양식(樣式)도 제한할 수 없게끔 되었다. 왜냐하면 보편타당성이나 설득력을 갖고 있지 않더라도 우리의 삶 자체에 있어 중요한 직관을 창출해 내는 사고의 유형이 있기 때문이다. 이러한 사고의 유형은 분석을 통해서가 아니고 섬광 같은 직관을 통해 실재의 핵심을 꿰뚫는다. 학문 그 자체가 보편타당하고 설득력 있는 것에 국한되어 있기 때문에 학문적 연구나 발견은 존재(being), 그 자체가 아니고 단지 그 외관(外觀)에 관한 연구에 그친다.

　이런 협의(狹義)의 학문과는 반대로 넓은 뜻의 학문이 있다. 이 두 가지 개념을 혼동하지 않는다면, 광의의 학문이 보완적(補完的)이며 어쩌면 학문의 근본이 된다는 것을 인정할 수 있다. 직관의 섬광에 의해 반짝이는 이런 유형의 사고는 협의의 학문의 일부가 아니라 독자적인 뿌리를 갖고 있다.

　이성적이고 관념적인 방법에 의해 얻어지는 뚜렷한 이해는 어느 것이나 모두 이 광의의 학문에 포함된다. 이런 방법에 의해 이해되는 사고는 지금까지 생소했던 문제에 대한 직관을 주는 것이 아니고, 우리가 참으로 무엇을 의미하고 원하며 믿는가를 명확히 해주는 것이다. 이러한 광의의 학문은 명석한 자각(自覺)의 영역과 동일하다.

　그 다음으로, 우리의 개인적인 서약을 얻어 진리가

되는 사고의 유형이 있으며, 사변철학(思辨哲學)이 그 한 예이다.

마지막으로 사고는 실재를 동시에 노출시키거나 은폐시키며, 암호나 부호와 같은 기능을 하기도 한다.

이렇게 눈부신 생(生)을 고무하는 인간 정신의 노력은 오로지 그 명확성과 엄밀한 수행에 의해서만 학문적(學文的)이 될 수 있다. 그 노력은 학문 이상의 것이 되기도 하고 동시에 그 이하의 것이 되기도 한다. 그 노력이 창조적 방법에 의한 사고이며, 또한 인간을 변환시키는 한에 있어서 학문 이상의 것이 된다. 또한 아무런 구체적 지식을 가져다 주지 못하면 그 노력은 학문 이하의 것이 된다. 따라서 협의의 학문이 무엇을 뜻하는가를 아는 것은 매우 중요한 일이다.

현대인들이 학문에 대해 이야기할 때는 비록 뚜렷하지는 못하더라도 협의의 학문의 개념을 머릿속에 두고 말한다. 그것은 협의의 학문만이 설득력 있고 보편타당한 지식에 관여하며, 우리 자신의 전혀 개인적인 서약을 필요로 하지 않기 때문이다. 더 나아가 협의의 학문이 지닌 명확성, 바로 그것은 철학의 목표와 증명, 그 절차에 있어서 무엇이 독특하고 필요불가결한 것인가를 두드러지게 부각시킨다. 철학이란 과학과 나란히 존재하고, 과학과 구별되며, 더 나아가 과학을 초월하여 그 목적을 정립함으로써 비로소 그 가능성을 실현시킬 수 있기 때문이다.

과학의 한계

협의의 학문은 필연적인 한계성(限界性)을 가지고 있다. 즉, 사물에 대한 과학적 지식은 존재에 대한 지식이 아니다. 과학적 지식이란 특수한 것에 대한 지식이다. 명백히 지시된 대상(對象)을 목표로 하는 것이지 존재 그 자체를 향한 것이 아니다. 과학으로 얻는 그 지식은 존재 그 자체에 대해 과학이 철학적으로 무지하다는 것을 강조할 뿐이다.

과학의 지식은 삶의 목표와 가치 또는 그 방향을 제시해 주지 못한다. 전체로서의 인간의 삶을 다루는 학문은 과학의 명징성(明徵性) 밖에 있기 때문에 삶의 본질적 의미를 과학이 설명하는 것은 불가능한 일이다.

삶이란 과학적 논증(論證)을 초월하여 실존한다. 즉, 인간의 삶의 동기는 과학의 논증을 초월하는 진리와 설득력에 근거한다.

과학이 제시할 수 없는 것을 사람들이 기대했을 때 그 한계성은 항상 쓰라린 실망을 안겨 주었다. 여기에서 다음과 같은 예를 들어 보자.

신앙(信仰)을 상실하고 난 후 자신의 삶의 기초가 될 믿음을 대신해 줄 것을 과학에서 찾으려는 사람. 철학에서 만족을 얻지 못하고 포괄적인 일반적 진리를 과학에서 찾으려는 사람. 과학이 부과하는 끊임없는 숙고(熟考)에 몰두하는 가운데 점점 자신의 하찮음을 깨닫게 되는 영혼이 가난한 사람. 이 모든 경우에 있어서 과학은 처음에는 맹목적인 우상숭배의 대상이 되지만 결국에는 증오와 멸시의 대상으로 끝난다. 이러한 비슷한 착각 뒤에는 필연적으로 각성(覺醒)이 뒤따르게 된다. 즉, 과학의 한계성이 그토록 뚜렷해졌는데, 그렇다면 과학이 갖는 가치는 과연 무엇일까라는 의문이 남게 된다.

학문의 효용성과 자기 목적

베이컨과 데카르트 이래 학문이 지닌 유용성(有用性)으로써 학문의 정당성(正當性)을 입증하려고 노력해 왔다. 데카르트는 학문의 결정적인 동기를 다음과 같이 생각했다. 즉, 노동력(勞動力)을 절약해 주는 방책으로서의 이용, 인간 욕구에 좀더 나은 충족을 위한 이용, 건강 향상을 위한 이용, 정치적 공공적인 수준에서의 능률을 증진시키기 위한 이용, 마지막으로 '학문적 도덕(scientific morality)'을 창조하기 위한 이용이다.

좀더 세밀히 조사해 보면 첫째, 우리는 모든 기술(技術)의 적용에는 한계가 있음을 알게 된다. 기술은 인간이 지닌 가능성의 광범위한 영역 가운데 단지 하나의 분야일 뿐이다.

둘째, 위대한 중요 발견들은 그 실제적 유용성을 고려하여 이루어진 것이 아님은 명백한 일이다. 그러한 발견은 적용에 대한 고려는 전혀 없이 이루어졌다. 그 발견은 탐구정신의 지평(地平)으로부터 솟아나며, 그 정신은 우리가 조절하거나 예측할 수 없다. 수많은 특수 발명에 있어서 효과적인 적용은 이론적인 근거를 내세울 경우에만 가능하다. 연구 정신과 실용주의적(實用主義的)인 발명 정신은 근본적으로 다르다.

학문의 유용성이나 삶의 실제적인 목적에 공헌할 학문의 권리에 대해 논쟁하는 것은 말할 나위도 없이 어리석은 일이다. 이러한 것들이 학문의 어느 분야에서는 뜻있는 것이기도 하지만, 실제적 유용성이 학문의 전체 혹은 유일한 의미가 될 수는 없다. 위대한 발견자들이 대체적으로 발명가가 아니었듯이, 어떤 발명에 대한 필요성이 과학을 일으키게 하는 것이 아니기 때문이다. 발명만으로는 학문적 연구를 영구히 지속시킬 수는 없다.

어떤 사람들은 학문 그 자체가 궁극적인 목적이라고 엄숙히 단정지으며, 학문을 기술과 생활 환경의 향상을 위한 것으로 종속시키는 것을 반대해 왔다.

참으로 인간이 알고자 하는 근본적이고도 일차적인 갈망을 표현하는 범위 내에서는 학문은 그 자체가 본질적으로 궁극적인 목적이 된다. 이러한 알고자 하는 갈구는 유용성(有用性)에 대한 고려보다 본질적으로 앞서는 것이다. 실제적인 용어로 나타낸 지식이 지식의 전체가 아니기 때문이다. 인간의 근본적인 탐구는 역사상의 어떤 하나의 교육적 이념에 좌우되지 않는다.

여기에서 지식은 오로지 공통의 기준과 형태, 또 받아들여진 이념에 따라 사람의 모든 것을 형성하는 능력에 의해 평가된다. 신비한 것과 미지의 것을 알고자 하여 경험과 결과를 통해 간접적으로 그것을 알고자 하는 소박한 호기심은 인간이 계속적으로 항상 새롭게 지식 탐구를 지향하는 것과 가깝다. 그러나 호기심은 단지 사물을 만져 보는 데 그치며 파악하지는 못한다. 호기심은 순간적으로 일어났다가 순간적으로 흥미를 잃고 만다. 지식의 한 요소가 되기 위해서는 호기심은 우선 형태를 변화시켜야 된다.

이렇게 변형된 호기심은 더 이상 어떻게 정당화(正當化)시킬 필요도 없으며, 따라서 더욱더 설명될 수 없게 된다. 모든 존재 가운데서 오직 인간만은 지식의 과정에 참여해야만 인간다워진다고 생각한다. 인간만이 기꺼이 이런 지식의 결과와 직면하고자 한다. 진리라는 대가 때문에, 자기 자신의 개인적 존재에 미치는 결과에 상관없이 인간은 이런 모험을 한다. 주위 세계를 파악하고, 여러 계층과 여러 종류의 지식을 파악하며, 사고와 행동에 있어 가능한 방법의 지적 형성을 파악할 때만 진정으로 우리 자신을 알게 된다.

인간의 알고자 하는 일차적 의지(意志)는 인간을 환상적 성취감으로 이끄는 실속 없는 지식, 즉 자기 만족적인 형식주의(形式主義)와도 투쟁한다. 그 의지는 무의미한 주지주의(主知主義)와 대항하여 싸우며, 또한 아무것도 원하지 않고 따라서 알려는 희망도 중단해 버리는 허무주의(虛無主義)와도 투쟁한다. 자기 자신의 평가는 안 하면서 지식을 단순한 사실과 '결과'의 터득으로 혼동하는 범용(凡庸) 역시 그 의지의 투쟁의 대상이 된다. 인간이 지식에 철저히 몰두함으로써 얻을 수 있는 유일한 만족감은, 지식 그 자체를 초월함으로써만 더 이상 진전할 수 있는 데까지 지식의 영역을 진보시키려는 욕망이다.

'궁극적 목적으로서의 학문'이라는 말은 인간의 일차적이고 무조건적인 지식의 갈구를 표현하기 위해 만들어졌다. 그것이 잘못 받아들여져 어떤 사실의 발견이나, 방법의 모든 정확한 적용, 지식의 확장, 그리고 학문이 영유하고 있는 고유한 가치를 증명하는 것으로 해석되었다. 그로 인해 혼란이 뒤따랐다. 무수한 사실의 발견이 독단적으로 이루어졌고, 학문은 광범위하고 아무런 관련 없는 집단으로 확산되었으며, 자만심에 가득 찬 전문가들은 좀더 넓은 함축된 의미에 대해서는 무지하고 우매했다.

배움에 있어서 이러한 '일관 작업적' 접근 방법이 승리를 거두었지만, 단지 사실적 정확(正確)이라는 쓸데없는 낭비에 빠져 버리고 말았다. 본질적인, 혹은 인간적인 모든 의미를 상실하고 또 기계화된 학문은 학문의 본질적인 가치를 가져야 한다는 주장과 함께 회의적으로 되어 버렸다.

'궁극적 목적으로서의 학문'이라는 표어는 지지를 못 받고 있다. 여러 번 불러일으켜진 학문의 위기는 결국엔 학문이 지닌 모든 의미를 부정하는 결과를 초래했다. 사람들은 학문을 어느 주인이나 섬길 수 있는 매춘부와 같다고 주장했다. 과학은 영혼을 공허하게 하고 인간의 마음에 냉담한 작업이며, 근본적으로 벽돌을 앞뒤로 운반하면서 시간을 소모하는 짓이라고 주장했다.

이러한 공격은 타락한 사이비 학문에는 적용될지언정 인간의 지식탐구라는 근본적인 것에는 적용될 수 없다. 중세기 사람들에 있어서 지식은 신(神)의 비전 가운데서 완성되었다고 한다면, 그리고 헤겔이 논리적 사고는 종교적 숭배의 행동이라고 말했다면, 또한 논리적 실증철학자(實證哲學者)들조차도 알 수 없는 존재를 인정했다면, 우리 역시 진리 가운데서 인간의 성취를 경험할 수 있다.

사람들은 과거 어느 때보다도 더욱 진리란 근본적으

로 무엇인가에 대하여 생각하고 있다. 현대인은 진리의 발견의 의미나 그것이 내포하고 있는 것을 확신하지 못하지만, 진리의 발견이 우리 생에 의미를 부가해 주고, 모든 것이 인간의 알고자 하는 대상이 되며, 또한 생의 기초가 사고(思考)에 있다고 한 고대의 금언을 잘 인식하고 있다. 심리학이나 사회학으로 나타낼 수 없는 이런 오래된 통찰력은 인간의 수준 높은 기원을 증명해 왔다.

이러한 결론에 접근할 수 있는 유일한 길은 과학을 통한 방법에 의해서이다. 이러한 식으로 과학의 성질은 생각되어져 왔지만 아직 그 성질을 명확히 정의(定義)한다는 문제가 남아 있다.

학문의 기본적 가정

특수하고 확실한 정설(定說)로 배움이란 것을 제한하려는 데 대항해 '과학은 아무것도 가정치 않는다'라는 표어가 대두했다. 이렇게 대항된 표어는, 학문이 미리 예상된 결론에 전념하기를 거부하는 점이나, 그 탐구 영역(探求領域)의 제한을 거부하고, 또 어떤 것도 '금기'로 여기지 않고, 어떤 필연적인 결론을 결코 회피하지 않으려 한다는 점을 나타내는 한도 내에서는 정당화될 수 있었다.

그러나 사실상 가정(假定)이 없는 학문은 존재치 않는다. 학문의 특성은 이러한 가정을 자기 비판 정신으로 인식하고 확증한다는 점이다. 엄격히 말하자면 학문은 스스로를 잘 인식하고 있는 시험적 사고의 집단을 나타내며, 자신이 지닌 어떤 타당성이나 일관성은 모두 어떤 특수한 가정으로부터 나온 것임을 인식하고 있다.

이와 같이 학문은 논리의 법칙이 갖는 타당성을 미리 가정한다. 반박 원칙을 부인한다면 사고와 앎은 불가능하다. 사고에 있어서는 본질적으로 이 원칙이 인식되어 있다. 개념이 모호하고 애매한 것도 괜찮다면, 자가당착이 결함으로 생각되지 않는다면, 언어 그 자체는 이미 의미의 전달체로서의 자격을 상실한 것이다. 어떤 논리적 가정을 부정할 경우, 적어도 부정 자체를 지속시키기 위해서라도 논리적 가정(假定)은 존중되어야 한다. 이러한 가정을 인정하지 않는 자는 논쟁할 여지도 없이 아리스토텔레스가 자기 자신의 탁락(卓犖)을 '이성이 없는 초목'이라고 표현한 것처럼 홀로 남겨질 수밖에 없다.

따라서 우리가 지식을 절대화시키려 한다면 그것은 잘못된 생각이다. 논리의 법칙이 존중되는 곳에서만 지식은 가능하다. 그러므로 우리가 아는 것은 존재 그 본질이 아니라 우리 자신의 사고 과정(思考過程)의 한 조건으로서 나타나는 실체의 국면들인 것이다.

더 나아가 학문은 그 바람직함을 가정한다. 학문을 학문적인 입장에서 옹호한다는 것은 불가능하다. 학문을 부정하는 사람에게 학문의 가치를 증명해 보일 수는 없다. 인간이 근본적으로 갖는 지식에 대한 열망은 자발적인 것이다. 우리는 지식 그 자체를 위해 열망하며 그 열망에 따른 자기 확인이야말로 모든 학문의 영원한 전제로서 계속 존재한다.

학문에 있어 더욱 중요한 가정은 연구 조사할 주제의 선택이다. 학자는 무한한 가능성 가운데 자기가 다룰 문제를 선택한다. 희미한 직관 또는 호오(好惡)의 감정이 그 선택의 동기가 되기도 한다. 어느 경우에 있어서나 어느 특정한 주제를 택하는 것은 학문적 지식에 의해서가 아니라 의지이다.

마지막으로, 학문은 우리가 이념에 의해 인도될 것을 가정한다. 우리를 둘러싸고 있는 전체 그 자체가 인식의 대상이 될 수 없고, 또 우리의 모든 관념적 계획안(計劃案)이 단지 보조적이고 부분적인 중요성밖에는 없다고 할지라도, 우리의 정신이 우리 주위를 둘러싸고 있는 전체에 의해 인도되는 것은 칸트가 말한 이념안(理念案)을 통해서만 이루어지는 것이다.

이념과 가정은 이처럼 보조적인 구성물이며, 그것은 필연적으로 유한하고 따라서 모조품에 지나지 않기 때문에 언젠가는 다시 사라지지 않으면 안 된다. 그러나 우리를 인도할 그러한 이념이 없으면, 단일한 초점이나 방향, 사소한 것과 중요한 것의 구별, 근본적이고 피상적인 것의 구분, 의미 있는 것과 무의미한 것의 구별, 그리고 단일성(單一性)과 산포성(散布性) 사이의 구별이 있을 수 없다. 그 이념은 우리의 특수한 관심의 동기가 되고, 섬광 같은 직관과 발견을 가능하게 해주며, 순수한 우연에 의미를 부여해 주는 배경을 형성한다.

우리를 인도하는 무수한 관념의 윤곽은 개별적으로는 무가치하지만 우리를 무한으로 연결시켜 주는 유일한 길이 된다. 이렇게 지침이 되는 이념은 배움이 어떤 의미를 갖기 이전에 이미 학자의 내부에 살아 있지 않으면 안 된다.

모든 학문은 위와 같은 가정을 세운다. 여기에 특수한 원칙의 특수한 가정이 첨가될 수도 있다. 예를 들어, 신학자는 기적과 신의 계시를 믿는다. 과학적인 설명의 한도 내에서는 이러한 문제에 접근하기가 곤란하며, 따라서 경험과학에 있어서는 이런 문제가 존재하지 않는다.

막스 베버는, "과학이 신학적(神學的)인 종류의 가정을 부인하기 때문에 과학은 신앙을 가진 사람으로 하여금 다음과 같은 주장을 그대로 받아들이도록 요구한다. 가령 초자연적(超自然的)인 간섭이 실험이나 관찰에 의한 원인으로 받아들여질 수 없기 때문에, 주어진 연속적 사건을 그 초자연적인 간섭에 대한 언급 없이 설명해야 한다고 하자. 그렇다면 이 연속적 사건은 과학에 의해 시도되는 방식으로 설명되지 않으면 안 된다는 것이다.”라고 말하였다. 어떤 신자(信者)라도 이 정도는 자신의 신앙에 불성실해짐 없이 받아들일 수 있다.

신학은 이와는 다른 방법으로 나아간다. 신의 계시가 존재한다는 가정하에서 신학(神學)은 그 내포된 의미(意味)와 이러한 믿음의 결과를 증명하는 것이다. 신학은 말로 표현할 수 없는 것을 표현하기 위해 특수한 논리의 범주(範疇)를 전개시킨다.

세속적인 설명과 신학적인 설명은 모두 가정을 세움으로써 행해진다. 엄격히 그 둘은 서로 배타적이 아니다. 둘 다 사고의 유형(類型)이며 가정을 세워 연구하고, 그 가정으로써 어느 정도까지 도달할 수 있는가를 관찰한다. 이 두 가지가 서로를 인정하고 또 인식이 단지 존재 속의 한 존재 양상에 불과하며 존재 그 자체가 아니라는 것을 자기 비판의 정신으로써 잊지 않는 한 그것은 모두 과학적인 것이다.

우리가 모든 학문은 없어서는 안 될 가정으로부터 출발한다는 것을 지적할 때, 우리가 알고 있는 것과는 반대로 우리가 가정할 필요가 없는 것이 무엇인가를 명백히 하는 것도 그 못지않게 중요한 일이다. 즉, 이 세계를 완전히 알 수 있다거나, 지식의 존재 그 자체를 다룬다거나, 또는 비가정적(非假定的)인 지식은 절대적인 것이라는 것 등이 바로 그것이다. 우리가 지식의 한계를 돌이켜 생각해 볼 때 위의 가정들에 대한 역(逆)은 분명해진다.

학문은 독단적인 세계관을 가정하지도 않고 오히려 그와 정반대이다. 세계관이 절대적인 타당성을 향유하지 않는 한도 내에서 학문이 존재한다. 그렇지 않으면 간단히 말해서 그 세계관이 단순한 가정으로 남는 범위 내에서 그 결과가 공정한 심사라는 어려운 시험을 이겨낼 수 있어야만 한다.

수십 년 동안 학문이 가정 없이 성립할 수 있다는 것을 크게 부정해 왔다. 이러한 일방적인 강조에 부수되는 위험을 지적해 볼 필요가 있다. 학문으로부터 너무나 쉽게 모든 의미가 박탈되고 전제만이 집중적으로 의미를 갖게 되어 그러한 전제는 독단적이 되기 쉽다. 악의는 없지만 보잘것없는 공인(工人)들도 자신들이 잘 알지 못하는 것은 거부한다. 그들은 학문에 아무런 생산적인 기여를 하지 못하며, 조직적(組織的) 연구에는 관심이 없는 사람들이다. 학문 대신에 정치·교회, 여러 가지 비이성적인 질주를 위한 선전 등 전혀 다른 것을 원한다.

그들은 자신의 주된 문제에 대해 열심히 또 헌신적으로 연구하고 사물을 구체적으로 고찰하는 대신 거짓된 철학적 담화에 빠져든다. 그런 담화는 일반적으로 '전체'·'전체 상황(全體狀況)' 등에 관한 것이다. 학문에 있어 가장 필수적인 가정은 방향 감각이다. 사람들은 학문이 방향을 필요로 할 정도로 대단하다는 것을 망각하기 일쑤였다.

학문의 방향과 그 필요성

학문은 외따로 떨어지면 방향 감각을 잃게 된다. 얼마 동안 자발적으로 진보해 나가는 듯 보일지도 모른다. 그러나 이것은 좀더 깊은 원인에 의한 추진력으로부터 생기는 좀처럼 사라지지 않는 반동(反動)에 의한 것이다. 그러나 곧 자가당착이 뚜렷하게 되며, 전체 구조의 붕괴를 초래할 것을 위협한다. 전체적으로 근거가 되는 믿음 없이는 학문이 진실될 수도 없고 살아 있을 수도 없다.

이것을 다른 방법으로 표현할 수 있다. 학문은 제 힘으로 존재할 수 없기 때문에 방향을 필요로 한다. 이 방향이 어디에서 기인하는가, 또 그것이 학문에 어떤 의미를 부여하는가 하는 문제는 학문의 자기 실현을 위해 결정적인 역할을 한다. 우리가 보아 온 것처럼 실용성(實用性)도, 또 '궁극적 목적으로서의 과학'도 과학적 활동을 위한 진정한 추진력이 될 수는 없다.

학문의 표면적 작용은 학문을 비학문적인 목적을 위

한 수단으로서 사용하기도 한다. 그러나 그렇다면 학문의 전체적 의미는 베일에 싸여진 채 남아 있는 것이다. 한편 학문적 지식 그 자체가 궁극적인 목적이 된다면 학문은 무의미해진다. 그 방향은 모든 학문의 근원이 되는, 알고자 하는 무제한의 의지로부터 나와야 된다. 이러한 지식에 대한 근본적인 갈구에 의할 때 궁극적으로 우리가 미리 알거나 명명(命名)할 수 있는 어떤 목표에 의해 인도되는 것이 아니다.

우리는 지식에 숙달됨에 따라 점점 강렬해지는 무엇에 의해 인도된다. 즉, 응답하는 이성에 의해서인 것이다. 어떻게 이것이 가능한 것일까?

우리가 갖는 지식에 대한 근본적인 갈구는 단순히 우연한 흥미가 아니다. 그것은 지식이 우리 인간의 자기 실현에 필요한 열쇠 자체를 쥐고 있는 것처럼 우리를 밀고 나가는 강렬한 필연성인 것이다. 한 조각의 지식만으로 우리는 만족하지 못한다. 우리는 지식을 통해 우주 그 자체를 포괄적으로 이해하고자 지칠 줄 모르고 계속 전진한다.

이와 같이 우리가 근본적으로 갖고 있는 지식에 대한 갈구 때문에 추구되는 탐구(探求)는 실체(實體)의 단일성에 대한 비전에 의해 인도된다. 우리가 특정한 자료를 알려고 애쓰는 것은 그 본질을 알려고 하거나 그 자체를 위해 알려는 것이 아니라 단지 그 단일성(單一性)에 도달하기 위한 수단으로서 알고자 하는 것이다. 존재 전체와의 관련성이 없다면 학문은 그 의미를 상실하고, 반면에 관련성이 있을 때는 가장 전문화(專門化)된 분과(分科)일지라도 의미가 있으며 생명력을 갖게 된다.

이러한 실체의 단일성이나 전체성은 어떤 한 곳에서 발견될 수는 없다. 우리가 알 수 있는 것은 무한히 다양한 사물 가운데 특정한 한 예일 뿐이다. 이와 같이 어떤 탐구의 실제적 방향을 결정하는 것은 사고의 두 가지 요소를 영속화(永續化)시키고 또한 두 요소를 서로 관련 맺는 우리의 능력이다. 한 요소는 항상 우리를 회피하는 실체의 무한한 종류와 수를 알고자 하는 우리 의지이다. 다른 한 요소는 이런 다수의 기초를 이루는 통일성에 대한 우리의 실제 경험을 말한다. 그러나 이러한 통일성의 경험은 인간이 지닌 지식의 단편적인 성격을 대면할 때에만 이루어진다.

그리하여 어떤 의미에서 학문은 우리로 하여금 순수하고도 단순하게 사실을 직면케 한다. 우리는 언제나 '이것이 사물의 존재 방식이로구나' 하고 문득 깨닫게 된다. 우리는 사물의 외관(外觀)이 무엇을 말하는가를 알기 시작한다. 학문은 우리로 하여금 사물의 실제 현상(實際現象)을 직면하게 하며 시기상조의 단순화와 희망적인 관측을 하지 않게 한다. 학문은 우리로 하여금 환상에서 깨어나게 해준다. 우리가 이 세상의 미와 조화에 대해 갖는 황홀감은 부서지며 대신, 사물의 불협화음·무의미성(無意味性), 그리고 파괴에 대한 설명할 수 없는 공포로 가득 차게 된다.

또 한 의미에 있어서 우리가 스스로 진정한 무지(無知)를 체험하는 가운데 지식에 대한 우리의 탐구를 전부 초월하고, 또 그 탐구의 은밀한 동기가 되는 통일성을 간접적이나마 점점 인식하게 되는 것이다. 이 통일성만이 우리의 탐구에 생명력과 의미를 부여한다.

이러한 의미를 더 이상 합리적으로 정의(定意)할 수는 없다. 왜냐하면 그것은 지식을 초월한 것이기 때문이다. 그것은 알 수 없는 것이기 때문에 우리가 학문의 대상과 방법을 선택하는 데 있어 가정으로서 합당하지 못하다. 오직 우리가 지식탐구에 전념한 후에라야 비로소 지식의 근원과 의미를 알 수 있다.

만일 이 모든 지식이 어디를 향해 가고 있는지 나 스스로 묻는다면 나는 비유적인 표현으로 답변할 수밖에 없다. 이 세상은 마치 스스로를 알려고 하는 것 같다. 신(神)에게 부여받은 우리의 전능력(全能力)을 다해 세상을 알게 되는 것, 또 그 세상을 신의 생각인 양 재고하는 것도 우리가 신에 대해 드리는 찬미의 일부인 것 같다. 우리가 알고 있듯이 우주에 반영되지 않은 것은 결코 터득할 수 없다.

배움은 이성적 탐구에 대한 최초의 충동, 즉 우리 주

위의 세계에 응답하고 또 동시에 그것을 초월하는 충동
에 의해 인도될 때만 의미와 가치를 갖는다. 이러한 인
도를 마련해 주는 것은 철학이지만 사색가들의 자발적
인 성숙을 위해 필요한 것은 그들 스스로가 임의로 만
들어 내지는 못한다.

이 모든 것으로부터 나는 다음과 같은 결론을 끌어낼
수 있다. 즉, 학문이란 내가 의지할 만한 견고한 바탕이
될 수 없다. 그것은 나의 여행길의 역할을 해준다. 그리
하여 알고자 하는 나의 의지를 인도하는 초월성을 점점
인식할 수 있다. 시간이라는 영역 안에 우리의 삶을 특
정지워 주는 지식에 대한 끝없는 갈망으로 나는 이 여
행을 한다.

학문을 목적(目的)으로서가 아니라 하나의 수단으로
보는 견해로 받아들일 때, 지식으로부터 얻는 수많은
좌절이 내적 인도의 상실에 기인한다는 것을 알게 될
것이다. 한가로운 호기심 때문이든 혹은 학문이 우리를
그저 바쁘게 만들기 때문이든, 우리는 방황할 때마다
그 상실을 깨닫는다. 이것은 우리가 학습과 연구의 진
로를 결정짓는 내적 방향 감각에 유의하기 위해 계속
되돌아오는 막다른 곳이다.

우리가 단순한 '근면'에 스스로를 맡겨 절망감(絶望
感)을 잊어버릴 때 우리 마음이 떳떳하지 못함을 느낀
다. 그러한 '근면'으로서는 무의미한 작업의 치명적인

무력함을 감출 수 없다. 그 대신에 우리는 작업을 인도하는 이념을 우리 스스로 받아들이지 않으면 안 된다. 이러한 이념은 우리의 탐구의 동기가 되는 초절적(超絶的)인 전체성으로부터 비롯된다.

그러나 우리의 탐구를 인도해 주는 이 전체성의 개념은 모호하다. 그것을 완전히 터득하거나 또는 자신의 터득이 일반적으로 참된 것이라고 주장할 수 있는 사람은 아무도 없다. 아무도 자기만이 그 개념(槪念)을 터득한 유일한 사람이라고 주장할 수는 없다. 수많은 지식의 대상과 사색가 사이에서 대화가 이루어질 때 비로소 이러한 인도가 효력을 발생한다.

그러한 인도는 역사의 매시점마다 끊임없이 소용돌이치는 배움의 파도를 통해 깨달아졌다. 그것은 시련과 모험을 간직하고 있다. 우리의 매일의 생활에 있어 학문이 진리(眞理)와 참됨을 향한 추진력을 공급해 주는 것도 이 까닭이다.

진실의 가정으로서의 학문

우리는 망상으로 우리의 생을 좀더 견딜 만하게 만들고자 하며, 또한 그 망상으로 믿음을 대신하거나, 또는 적어도 믿음을 어떤 지식으로 바꾸어 놓고자 하는데, 학문은 이러한 망상의 정체를 벗긴다. 우리가 직면할 수 없는 현실을 덮어 두기 위하여 사실의 일부분만을 밝히는 진술 같은 것을 학문은 결코 용납하지 않는다. 학문은 무비판적인 사고(思考)가 지칠 줄 모르는 연구를 대신한 미숙한 구성 개념을 분쇄해 버린다. 학문은 우리가 기만적인 자만심에 빠지는 것을 막아 준다.

학문은 일반(一般)과 나 개인의 상황에 대해 최대의 명확성을 부여해 준다. 학문은 지식에 대한 타고난 나의 능력에 내재하는 도전에 따라 살아갈 수 있도록 필수조건을 부여해 준다. 이 과업을 성취시키는 것이 인간의 숭고한 운명이다. 그 과업은 인간이 지식을 통해 어떻게 되는가를 보여 주도록 도전한다.

학문은 성실로부터 싹트며, 또한 성실을 만들어 낸다. 우리가 학문적 태도와 사고방식에 젖지 않으면 우리는 진실될 수 없다. 설득력 있는 지식과 그렇지 못한 지식을 구별짓는 것이 학문적 태도의 특징이다.(나는 무엇을 알고 그리고 또 무엇을 모르는가를 알기 원한다) 이 지식은 지식으로 인도하는 길과 또 이 지식의 타당성의 한계를 내포하고 있다. 학문적 태도의 더욱 큰 특징은 어떤 사람의 주장에 대한 어떠한 비판이라도 기꺼이 받아들인다는 점이다.

사고하는 인간, 특히 과학자와 철학자에게는 비판은 생의 필수조건이다. 그가 자신의 통찰력을 검토하게끔 만드는 의문은 충분할 수는 없다. 진정한 학자는 이치에 어긋나는 비판으로부터도 도움을 받을 수 있다. 비판받기를 회피하는 자는 본질적으로 알기를 원하지 않는 사람이다.

인간의 생(生)에 있어 학문적 지식탐구의 기초를 이루는 열렬한 의지가 실존에 관한 현실이 된다면 시간과 공간의 어떠한 제약도 그 사실을 파괴할 수 없다.

누구를 위하여 학문은 소생하는 것일까? 끝없이 다양하고 무해(無害)한 사실 속에서 길을 잃은 사람들(그들은 그 사실들이 지닌 가능한 의미에 대해 아무런 의문 없이 받아들인다)을 위해서가 아니다. 그리고 시험을 통과하기 위해, 또는 주어진 업무를 숙달키 위해 자료를 외우려고 애쓰는 사람들을 위해서도 아니다. 지식은 진정한 학자를 위해 소생한다. 그의 비상한 인내와 노력은 열의로 불붙게 된다. 학문은 그가 온 삶에 활기를 줄 수 있는 원리(原理)가 된다. 늘 그렇듯이 오늘날 세상과 도전하는 젊은이들은 학문의 마력을 경험할 수 있다.

또한 오늘날에 있어서도 우리는 그 어느 때보다도 어쩌면 더욱 강렬하게 학문이 주는 무거운 짐을 경험한다.

학문은 자기를 의식치 않는 사람들의 천진난만한 힘과 삶에 필요불가결한 모든 환상을 위태롭게 한다. 이러한 환상을 입센은 '생의 거짓'이라고 불렀다. 단순히 외워서 배우려는 대신 탐구로써 이해하는 것은 용기를 필요로 한다. '알려고 하는 것에 용감하라'라는 옛 금언

(金言)이 지금도 적용되는 것이다.

과학과 철학

이제 우리는 과학과 철학의 관계에 대해 서로 연관된 몇 가지 설명을 할 수 있는 입장에 있다. 이 둘은 서로 부합하지 않는다. 철학이 여러 가지 과학 중의 하나인 것도 아니다. 사실 철학은 기원(起原)·방법(方法), 또 의미에 있어 본질적으로 이질적인 것이다. 그렇지만 과학과 철학은 서로 밀접한 관계에 있다.

철학에 대한 과학

과학은 철학과의 연결로 빚어지는 혼란으로부터 스스로를 지킨다. 과학은 사변적(思辨的)인 노력에 의한 무익한 간섭이라고 생각하는 것에 대항하여 싸운다. 한마디로 말해 과학과 철학에 대해 특유한 적개심을 드러낸다.

그러나 과학은 스스로의 한계성을 인정할 수 있다. 과학만으로는 진리 전체를 파악하지 못하기 때문에 철학의 자유로운 자체 탐구의 영역 배양을 내버려 둔다. 과학은 철학적 발견의 가치를 승인하지도 부정하지도 않는다.

철학이 스스로 과학적인 연구에 도달할 수 있는 문제

에 대해 판결을 내리지 않는 한 과학은 간섭을 하지 않는
다. 과학은 철학이 근거 없는 진술이나 상상에 의한 증명
을 내놓지 않도록 면밀한 감시를 게을리하지 않는다. 과
학이 이렇게 하는 것은 과학과 철학에 이익을 준다.

　과학은 철학적 방향을 필요로 한다. 그러나 이것은 철
학이 과학 그 자체에 쓰여지거나 철학의 고유한 목적을
과학에 제공한다는 의미가 아니다. 이것이야말로 정확
히 말해 과학과 철학이 서로 관련되지 않도록 하는 길이
다. 오히려 철학이 알고자 하는 참된 의지의 동기가 될
때에 그 효력을 발휘하게 된다. 철학은 또한 이념을 준
다. 과학자는 그 이념으로부터 자신의 통찰력을 얻게 되
며 그 이념에 의해 그는 앎의 근본적인 중요성에 대한
큰 감명을 얻어 스스로의 선택을 결정짓게 된다.

　철학은 과학에 침투해 들어온다. 철학은 과학적 방법
에 접근하지 않은 채 과학의 길잡이가 된다. 이렇게 철
학에 의해 침투당한 과학은 구체화된 철학이다. 과학이
스스로의 활동에 내포된 의미를 인식함에 따라 사실상
의식적으로 철학화(哲學化)한다.

　학자들이 철학으로부터 얻는 이익은 실용적인 종류의
것은 아니다. 그러나 그들이 철학을 공부함으로써 점차
그들 직무의 전체적인 전후 관계를 알게 된다. 더 나아
가 그들은 연구에 대한 더욱 새롭고 강한 동기를 얻게
되고 그들의 과학적 활동이 무엇을 의미하는가에 대한

의식을 높이게 된다.

과학에 대한 철학

철학은 과학이 철학에 있어 필수적인 것임을 인정한다. 비록 철학은 과학과의 차이점을 인식하고 있지만 진정한 철학은 과학에 결속되어 있다는 것을 인정한다. 철학은 터득할 수 있는 실체를 결코 무시하지 않는다. 철학은 진실하고 설득력 있는 것은 무엇이나 알고자 한다. 철학은 스스로 증대하는 자아 인식을 결실 맺게 하기 위해 진실하고 설득력 있는 것을 원한다. 철학화하는 사람은 누구나 과학의 방향으로 나아가게 되고 과학적인 방법으로 경험을 얻는다.

학문적 태도는 진실됨을 약속하기 때문에 철학은 반학문(反學文)과 겨루어 학문의 최우승자가 되는 것이다. 철학에 있어 과학적 사고방식을 보전하는 것이 인간의 존엄성을 보전하는 데 필수조건이라고 여겨진다. '이성과 학문을 멸시하라, 인간이 지닌 힘 가운데 가장 위대한 그것들을. 그러면 나는 너를 나의 손아귀에 넣게 되는 것이다'2)라는 메피스토펠레스의 위협에 담겨

---

2. 나는 학문에 대한 의견을 줄곧 주장의 형태로 나타낼 수밖에 없었다. 나는 독자에게 나의 다른 저서에서 다음과 같은 대목을 참고할 것을 권하고 싶다.

있는 진리를 철학은 인식한다.

《Philosophie》 Berlin; J. Springer(1932) pp.85 ff. '우리의 세계 정립의 한계'; pp. 212 ff. '실증주의와 이상주의' pp. 318 ff. '철학과 과학'

《Nietzsche; Einführung in das Verständnis seines philosophierens》 Berlin, Leipzig; W. de Gruyter(1936) 〈Wahrheif〉(진리)라는 제목의 장, pp. 147 ff.

《Die Geistige Situation der Zeit》 Berlin, Leipzig; W. de Gruyter(1931) pp. 118 ff. 'science' pp. 167 ff. '알고자 하는 참된 의지'

《Descartes und die Philosophie》 Berlin, Leipzig; W. de Gruyter(1937) pp. 32 ff. '조직적 방법' pp. 95 ff. '현대 학문의 의미의 곡해와 그 영향'

《Existenzphilosophie》 Berlin, Leipzig; W. de Gruyter(1938) 'Philosophie und Wissenschaften'이라는 제목의 첫 강연 속의 구절과 'Vernunft' 라는 제목의 둘째 강연의 구절.

2. 정신, 인간 실존, 이성

우리는 학문의 의미를 약술하는 데 있어서 학문 그 자체 이상의 문제, 즉 학문의 근거와 목적이라는 문제에 부딪치게 된다. 이 근거와 목적은 학문적인 업무의 진로와 방향을 명확히 해준다. 그러나 그 진로나 방향이 과학적으로 논증될 수 있는 것은 아니고 단지 철학의 견지에서 터득될 수 있다. 학문의 목적은 본질적인 것이며, 이 목적 없이는 학문은 우리에게 아무런 의미를 줄 수 없다.

우리가 이 책에서 주로 고찰하고자 하는 것은 대학(大學)의 이념(理念)이다. 그것은 학문적 탐구정신에 의해 특징지워지는 것이기 때문에 독단적으로 보일지도 모르는 몇 가지 의견에 우리 자신을 한정시키지 않으면 안 된다.

정신3), 인간 실존, 그리고 응답적인 이성은 우리의 삶에 있어서 포괄적인 존재 관계(context)를 구성한다. 정신이란 이념이 지닌 가능성이며 힘이다. 완전한 의미에 있어서 인간적 실존이란 우리가 진지하고 무조건으

---

3. 독일어의 Geist란 용어는 '영혼'과 '정신'을 동시에 뜻한다.

로 초월성(超越性)에 대한 탐구에 전념하는 것을 의미한다. 응답하는 이성이란 사물의 본질적인 의미를 쾌히 받아들이는 마음이다.

명확성을 찾기 위한 노력이 곧 충만한 통찰력을 얻으려는 노력일 때 정신은 살아 움직인다. 이념 없이 그러한 통찰력이 있을 수 없다. 이념은 우리 내부에서 우리를 추진하며 동시에 우리가 도달할 수 없는 목표로서 우리를 손짓해 부른다. 이념은 우리에게 가정적인 구성 개념(構成槪念)을 줌으로써 학습과 연구를 통합시키고 체계화시킨다. 그 가정적인 구성 개념이란 단지 이념의 근사물(近似物)일 뿐이다.

정신은 우리가 창조적인 통찰을 할 수 있는 힘이다. 상상력이 없다면 학문은 메마르게 된 것이다. 그러한 상상력에 의해 우리는 무엇이 본질적이고 진실한 것인가를 알게 된다. 그리고 거죽과 내부에 존재하는 것을 내적(內的)으로 이해하고 또 이것을 학문적 연구에 유용하게끔 만들 수 있다.

이 책에서 인간 실존이라고 부르는 것은 우리의 지적 실존 전체를 지탱해 주는 확고한 헌신(commitment)이다. 그러한 헌신이 없다면 우리가 경험하는 모든 것은 단지 쾌락주의적인 명상, 무책임한 이론화(理論化), 그리고 공허한 심미주의의 장난이 되어 버릴 것이다. 우리의 행위가 지닌 의미는 공식화될 수 없다. 그 의미는

오로지 우리의 마음속 깊이 자리잡고 있는 믿음 속에서
만 분명해진다. 우리 스스로의 결심이 진지할 때 비로
소 이념은 우리의 삶에 있어서 효력을 갖게 된다.

　정신의 기능이 전체적인 존재 관계, 형태만을 고려하
는 것이고, 우리의 삶이 절대적 헌신에 기초를 두게 하
는 실존의 기능이라면 우리의 한계를 끊임없이 넓혀 주
는 것은 이성(理性)의 기능이다.

　이성은 고립화에 반(反)하며, 결합하고자 한다. 이러
한 목표를 위해 이성은 독단적이거나 되는 대로 식의
사고 대신 일관성 있고 상호관련된 사고를 요구한다.
그리하여 모순을 밝히고 각각의 고립된 사물과 생각을
통합시키고자 하는 것이다. 이성은 우리가 자신의 경험
으로부터 이해력을 얻게끔 해준다. 이성은 모든 장벽을
무너뜨리고 모든 금제(禁制)를 무효화한다. 이성은 신
뢰할 만한 것은 신뢰하며 이렇게 함으로써 무엇이든 이
성에 의한 명상이 지니는 본질은 모두 보호한다.

　정신, 개인의 헌신, 그리고 응답적인 이성은 삶에 있
어서의 위업과 가능성에 대한 좀더 넓은 배경을 우리가
인식하도록 해준다. 학문이 활력과 의미를 얻을 수 있
는 것은 바로 이 배경이다. 그것은 어디서나 느낄 수
있는 신비를 설명해 주며, 학문에 있어서 결정적인 것
은 교묘하게 다루는 이성과 명백한 산출물(産出物)만이
아니라, 좀더 복잡한 요소가 첨가된다는 것을 말해 준

다. 이 요소는 특수한 결과보다는 기술과 인격에 존재
한다.

정신, 인간 실존, 그리고 이성은 학문적 견해의 기초
가 된다. 그것들이 뚜렷하게 인정받지는 못하더라도 학
문 내에 존재하는 철학적 요소인 것이다. 그것의 존재
는 학문의 영역에서 느껴진다. 지식으로 향한 열정을
진정한 소크라테스적 무지(無知)로 만드는 것은 이 세
가지 요소이다.

이러한 무지는 지식이 향상됨에 따라 없어지는 조건
부적(條件附的)인 것이 아니고, 지식이 더욱 명확해지
고 넓어질수록 그 가장 밑바닥까지 뚜렷이 드러나게 되
는 무지인 것이다. 철학적 무지는 모든 학문에 있어서
철학의 존재를 동반한다.

3. 교 양

교양은 이미 얻어진 상태이다. 주어진 역사(歷史)의 이념(理念)에 의해 형성된 인간은 교양을 갖춘 것이다. 교제·몸짓·가치, 사물을 처리하는 방법, 그리고 능력 등 서로 결합되어 있는 체계는 인간의 제2의 천성이 된다.

그리스 시대의 교양의 개념은 끊임없는 탁월한 업적을 겸비한 육체미(肉體美)를 의미했다. 로마인에게는 극기(克己)와 의무 자각이라는 특징을 지닌 품행을 의미했다. 영국인에게는 신사의 전형이었다.

이러한 교양의 전형(典型)에 의해 그 소지자와 기타 사람들은 다음 네 가지 방법 중 어느 하나로 구분될 수 있다. 우선 사람들은 사회적 계급의 혈통에 따라 기사·승려·수도사·시민으로 구분될 수 있다.

교양의 전형은 품격(品格)을 결정짓는 지적 지위를 나타내기도 하여 세상 경험이 많은 사람, 예술가(藝術家)와 시인 혹은 학자들로 나뉘게 된다. 그 전형은 능력의 영역을 나타내기도 하며 이로써 작시법(作詩法)과 운동경기에 단련된 사람, 학문적인 배움이나 능력을 지닌 사람, 언어와 문학에 단련된 사람, 기술과 자연과학에 대한 지식을 가진 사람들로 나뉘게 된다. 마지막으로 교양의 전형은 그 교육기관을 나타내기도 한다. 고대 그리스의 연무장과 집회장·왕궁, 프랑스의 살롱, 또는 독일의 대학교 등.

이러한 교양의 전형에 공통된 것은 예법(禮法)과 자기 훈련에 대한 지각이며, 교양이란 마치 모든 것이 습득된 것이 아니라 타고났던 것처럼 숙련을 통해 인간의 제2의 천성이 되어야 한다는 의식이다.

전인(全人)에 대한 일반적 교육과 대조적으로 우리가 전문적인 훈련이라고 부르는 것은 교육의 일면에 불과한 것이다. 이것은 전문적 지식과 기술을 요하는 특별업무를 위한 훈련이다.

사회적 특권은 교육과 동일하지는 않으나 교육의 한 결과이다. 헬레니즘적인 이집트에 있어서 이집트인들은 그리스의 18세부터 20세의 청년시민(ephebe)들처럼 체육(體育) 교육을 받아야만 관공서에 들어갈 자격을 갖게 되었던 것이며, 그런 교육을 받은 모든 사람들의 목록이 보관되어 있었다.

중국인들은 시험을 통해서만 교육받은 특수층에 속할 수 있는 특권과 관리가 될 수 있는 특권을 누릴 자격을 얻었다. 독일인의 경우 고등학교를 졸업해야만 비로소 교육을 받았다는 소리를 들을 수 있다. 그 학교란 예전에는 라틴어 학교만을 말했다. 이런 학교를 졸업하지 못한 사람은 대학에 입학하여 직업을 얻기 위한 자격을 갖출 수 없는 것이다.

때로는 국가가 어떤 특정한 계급이 지닌 교양의 전형을 선택하여 그것을 일반화시킨 적도 있다. 이렇게 하여 일정하게 고정된 영국 신사의 특징이나 프랑스인의 특징이 가능해질 것이다. 반면 독일의 경우 한 계급이 커다란 자극적인 힘을 지닌 교양의 전형을 발달시킨 적이 없었다. 그렇기 때문에 독일인들은 일정한 국가적 교양이 결여되어 있는 것이며 국가의 일개 구성원으로서 교양 없는 사람으로 남게 된다. 독일인에 있어서 교양이란 항상 순전히 개인적인 문제인 것이다.

교양이 대학에서 비롯되는 한, 그것은 학구적이고 과학적인 원칙의 형태를 지닌다. 이것이 학문적 견해, 또 중요시되는 특정한 주제들이 갖는 기능이다.

학문적인 견해는 전문화된 지식과 능력 그 이상의 것이다. 그 견해는 객관적인 지식을 위해서는 주관적인 가치 평가를 일시 중단시킬 수 있는 능력이며, 또한 자료의 공정한 분석을 위해서라면 편향적이고 특수한 관심을 취소시킬 수도 있는 능력이다. 이렇게 할 때 우리는 본질적으로 공정한 지식을 얻을 수 있을 뿐 아니라 우리의 개인적 편견은 새로운 관점에 놓이게 되며, 광신과 맹목은 제거된다.

우리가 스스로의 한계성을 경험하는 것이 진정한 객

관성(客觀性)을 위한 근거를 창조한다. 우리가 해결할 수 없는 문제와 마주치게 되어 그 해결을 위해서는 그 문제 자체를 초월하여 연구하지 않으면 안 될 때, 우리는 주어진 자료를 초월하여 진실한 답을 찾는 법을 배우게 된다.

학문적 견해는 특수한 사실적 지식(知識) 이상의 것을 나타낸다. 그것은 이성에 좇아서 우리의 전인격이 변동됨을 의미한다.

학문적 방법은 객관성과 업무에 대한 헌신, 또 조심성 있는 저울질, 반대 가능성에 대한 탐색, 그리고 자기 비판을 요한다. 그것은 우리의 제멋대로의 생각을 용납하지 않으며 순간적인 변덕으로 다른 모든 것을 잊어버리는 것을 허락하지 않는다. 학문적 방법은 회의적이고 의문에 차 있는 자세, 일반적인 결론을 끌어낼 때의 신중함, 그리고 우리의 주장의 한계와 조건을 시험하는 것으로 그 특징을 지을 수 있다.

학문에 있어서 끊임없는 이성의 작용 없이는 고정된 이념에 따른 교육은 경직되고 제한된 것이 되어 버릴 것이다. 교육이 우리가 모든 문제에 이성을 적용시키게 하고 또 우리 삶에 있어서 이성의 융통성을 얻게끔 훈련시킬 때 비로소 인간적인 것이 된다.

학문과 교육의 또 하나의 특징은 학자가 몸바쳐 온 특수한 단련으로부터 나온다. 자연과학과 교양과목(教養科

目)이 지니는 교육적 가치는 그 성격상 매우 다르다. 자연과학의 사실주의(realism)와 인문주의(humanism)는 서로 이질적인 두 개의 문화적 전형인 것처럼 보인다. 그 두 가지는 모두 학문적 연구에 의거하고 있으며, 하나는 관찰되고 실험되는 자연현상에 통달함으로써, 그리고 다른 하나는 분석의 대상이 되는 서적과 인간의 업적에 통달함으로써 이루어진다.

교양과목은 인간의 정신을 연구하는 것이다. 여기에서 이해(理解)란 수세기 동안 정신과 정신이 교류함을 의미한다. 우리는 인간·업적·시대 등 우리가 이해할 수 있는 것에만 스스로를 한정시킨다. 인간 정신의 소산이 지니는 지리적·인종적, 또 자연적인 전제에 대해서는 우리는 거의 언급하지 않는다. 그것은 설명될 수 없다. 그러나 우리의 전체 삶은 이렇게 측정할 수 없는 것으로 가득 차 있으며, 자연과학은 이런 것을 이해하고자 애쓰는 것이다. 교양과목에 있어서 이런 사실은 우리가 본질적으로 이해할 수 없는 국외자적(局外者的)인 것으로 인정된다.

학자들은 그들 자신의 방법만이 진실한 것이라고 각각 주장하기 쉽다. 자연과학은 우리의 모든 지적 삶이 관련되어 있는 실체(實體)에 대한 특정한 지식으로 구성되어 있기 때문에, 모든 것이 정신에 기인한다고 생각하는 경향을 가로막는다. 반대로 인문과학은 정신이 물질과 생물학으로 영락(零落)하는 것을 반대한다. 인문과학을 구성하는 지식은 인간 정신의 독립적 근원 때문에 이렇게 영락(零落)할 수는 없다고 주장하는 것이다.

교육의 이념에 있어서의 인문주의나 자연과학의 사실주의(事實主義)는 서로 결합되어 상대방을 교화한다. 그러나 이 교육의 이념은 아직까지는 실현되지 않고 있다.

인문과학은 인간의 과거의 본체를 깨닫게 하고, 전통에 참여하게 하며, 인간이 지닌 가능성의 폭을 인식케 해주는 등 교육적 가치에 있다. 그 발견 방식이 망각되었다 할지라도(이 발견 방식은 문헌학에서 연구된다), 그와 같은 결과는 그 중요성을 상실하지 않는다. 위대한 과거를 가진 신화의 모습, 그리고 이러한 업적을 이해하는 것은 본질적으로 교육적 가치를 가지고 있다.

자연과학의 교육적 가치는 정확한 관찰력을 훈련시키는 데 있으며, 그 주제 자체가 지니는 교육적 가치는 인문과학의 교육적 가치에 비해 볼 때 훨씬 적다. 물리·화학에 있어서 결과는 비교적 덜 중요하며, 반면 그 결과가 얻어지게 된 방법이 교육적 가치를 갖는다. 결과만을 아는 자연과학자는 본질적으로 생명과 의미가 없는 지식을 소유하고 있는 것이며, 과학의 왜곡을 부추기어 독단과 권위로 이끌고 있다.

대부분의 사람들이 극히 중요하다고 생각하는 것은 학문의 결과를 독단적으로 통합하여 체계화시키는 일인

데, 이것은 정확히 말해서 자연과학자에게는 거의 교육적 가치가 없다. 우리가 그 타당성을 독자적으로 증명할 수 없는 지식의 종목은 확고한 교육적 가치가 결여되어 있을 뿐 아니라 실제에 있어서 파괴적인 힘을 갖고 있다.

이러한 체계는 그 본질에 있어서 항상 성실하지 못하며, 그것이 지닌 순수한 효과는 예전 신화가 가졌던 효과와 동등하다. 그 유일한 차이점은 다음과 같다. 즉, 예전의 신화적 세계 대신에 지금 우리는 추상으로 이루어진 불모(不毛)의 체계를 갖고 있다는 것이다.

이렇게 하여 풍요하고 실속 있는 전체는 한없이 빈곤한 것으로 바뀌었다. 그러자 세계관(世界觀)은 현재와 같이 학문의 권위를 밑바탕으로 받아들여지게 되고, 공허한 학문적 추상이 생명력 있고 눈에 보이는 자연과의 친교를 대신하게 된다.

이와 같은 것이 바로 자연과학의 상태이다. 자연과학은 과학적인 정확성과 정연성을 최대로 성취하며 그 자체에 내재(內在)하는 가정을 총망라하는 최대의 명확성을 만들어 낸다. 자연과학은 칸트의 명제, 즉 과학은 수학적 엄밀성을 보전하는 범위 내에서만 과학이 된다는 것을 확증한다.

이러한 명제 역시, 모든 것을 좌우하는 것은 우리가 결과를 받아들인다는 점이 아니라 연구의 연속적인 단계를 이해한다는 점을 말해 주고 있다. 그러나 자연과학은 좀더 광범위한 분야까지를 포함한다.

심지어 무기물체에도 무수히 다양한 광물들이 포함된다. 하물며 유기적 인생에 있어서 실체는 더욱더 수수께끼처럼, 꿰뚫어볼 수 없게끔 나타난다.

칸트가 다음과 같이 말한 것이 오늘날에도 타당하다고 하겠다. 즉,

"우리가 우연적이고 기계적인 원리(原理)를 적용시켜 유기적인 생과 그 내부의 가능성을 충분히 이해할 수는 없으며 또 더구나 그것을 설명할 수 없다는 것은 분명하다. 이 사실이 너무나 분명하므로 우리는 다음과 같은 것을 대담히 주장할 수 있다. 즉, 새로운 뉴턴이 나타나, 그 이상의 궁극적인 목적에 의해 정해진 것이 아닌 자연법칙(自然法則)에 의해서 한 줄기 풀잎의 성장이라도 설명할 수 있기를 계획하거나 희망한다는 것은 터무니없는 짓이다."

오늘날 유기적인 생에 관한 학문은 계속 확대해 나아가는 데 전념하고 있으며 그 주제는 거의 독자적인 교육적 가치를 갖게 되었다. 그도 그럴 것이, 우리는 무한한 다양성을 지닌 새로운 세계에 대한 통찰력을 얻게 되었으며, 그것은 우리가 타고난 자연과의 친밀성을 넓혀 주고 명확하게 해주며 또 깊게 해주기 때문이다.

따라서 생물학적인 세계관에 의거한 대용 신앙(代用

信仰)은 기계적인 사고방식에 따른 세계관에 근거를 둔 대용 신앙만큼 나쁜 것은 아니다. 그 두 경우에 있어서 어떤 교육적 가치를 지녔는가는 오로지 결과에 대한 지식이 실제적 관찰·명상, 그리고 우리 주위 세계와의 동화(同化) 등으로 어느 정도까지 변형되는가에 달려 있다. 그 교육적 가치가 감소되면 그 지식은 독단적인 세계관으로 되어 버린다.

　이렇게 어떤 형태에 있어서 독단화는 참으로 피할 수 없는 것일지라도, 경이와 마력으로 가득 찬 진정한 신화는 어느 것보다도 교육적으로 바람직한 것이라고 할 수 있겠다.

Ⅱ. 대학의 과제

대학은 학문을 추구하는 데 헌신하고 있다. 연구와 가르침은 진리가 의미 있고 명백하게 되기 위한 한 수단으로서, 지적 교양에 공헌하고자 한다.

따라서 대학의 과업은 세 가지 기능, 즉 연구, 학문의 전달, 교양 교육으로 구분될 수 있다. 이것을 분리하여 생각해 볼 때, 그 각각은 나머지 두 기능과 명백히 분리될 수 없다.(제4장)

대학의 업무를 성공적으로 수행하기 위해서는 사고하는 사람들 사이에 소통이 이루어져야 한다. 학자들은 서로 의사소통을 해야 하며, 교사들은 학생들과 소통(疏通)해야 되고, 또 학생들은 그들끼리 소통해야 한다. 모든 사람들이 각자의 지적(知的) 수준에 따라 모든 사람과 소통하는 것이 필요하다. 따라서 우리는 이러한 소통의 의미와 형태, 또 그 자유에 대해 논하지 않으면 안된다. 여기에 대학생활의 살아 있는 핵심이 있다.(제5

장)

　대학은 제도(制度)의 체제 내에서 그 목표를 달성시킨다. 그 체제는 대학의 존재, 바로 그 자체에 기본이 되며 대학의 절차상, 행정상의 실행에 있어서 반영된다. 그 제도는 대학의 이념에 있어서 필수적인 동시에 영구적인 위협이다. 학문의 의미는 하나의 전체를 뜻한다. 제학문(諸學問)은 제멋대로 생겨나서 사라질 수도 있으나 학문의 우주 내에서는 서로가 필요로 한다. 대학은 학문의 총체(總體)를 표출하도록 조직된다.

4. 연구, 교육(도야(陶冶)), 교수

학생은 학예(學藝)와 학문을 배우기 위해, 그리고 직업을 얻기 위한 준비를 갖추려고 대학에 온다. 자신의 과제와 위치가 명백함에도 불구하고 학생들은 자주 당황하게 된다. 그들은 다름 아닌 배움의 대상이 방대하다는 사실에 압도되어 무엇이 가장 중요한 것인가를 알고 싶어한다. 지도 강의, 실습 기간, 시간표 등은 그들의 어려움을 극복하는 데 단지 부분적인 도움밖에는 안 된다. 결국 그들은 스스로의 길을 개척하지 않으면 안 된다.

그러나 학생은 대학으로부터 그 이상의 것을 기대한다. 말할 것도 없이 학생은 전공분야를 연구하며 마음속에 뚜렷한 직업을 생각하고 있다.

그러나 그에게 있어서 대학이란 스스로의 전통의 학풍(學風)에서 학문의 모든 분야의 통합을 상징한다. 그는 이 통합을 존중하며, 이것을 경험하고자 하며, 이 경험을 통해 근거 있는 세계관에 도달하고자 한다. 그는 진리에 도달하기를 원하며, 세계와 사람들에 대해 명확한 견해를 얻고자 한다. 그는 전체, 즉 무한한 우주의 질서와 마주치기를 원한다.

학문은 본질적으로 정신적(精神的)인 것이다. 그것은 알아야 할 모든 것의 전체와 관련성을 찾는다.

그러나 젊은이들은 이 모든 것으로도 만족하지 못한다. 젊은이는 앞에 가로 놓여 있는 중대한 결정을 인식하고 있기 때문에 생의 엄숙함에 대해 높은 지각(知覺)을 갖고 있다. 그는 유연함과 가능성으로 가득 차 있음을 느끼며, 그가 어떻게 될 것인가는 주로 자신에 달려 있다는 것을 알고 있다. 그는 자신의 매일 생활, 매순간, 또 모든 생동하는 충동의 중요성을 느낀다.

젊은이는 스승을 모심으로로써, 자기 단련을 통해, 비슷한 동기를 지닌 친구들과의 토론을 통해 배우기를 원한다.

대학에서 우리의 기대가 성취되기란 극히 어렵다. 최초의 우리들의 열정은 오래 지속하지 못한다. 어쩌면 학생은 무엇을 원했는지, 또 무엇을 하고 있는지에 대해 명확히 알지 못했었는지도 모른다. 어쨌든 그가 환멸과 당황함을 느끼게 되어 노력하기를 그치고 막다른 골목에서 방황하게 된다.

그는 단지 시험을 위해 공부하고 모든 것을 시험을 위한 유용성에 따라 판단한다. 그는 그의 공부 기간을 직업생활(職業生活)이 시작되기 전의 고통스런 과도기로 생각한다. 이제는 그 직업생활이 구원의 약속을 쥐고 있다.

　그는 자신이 너무 우둔하여 본질을 파악할 수 없다고 말하며 그의 전공(專攻)을 익히는 데만 전념한다. 한편 그가 지닌 원래의 창조적 열정은 그 생명력을 상실하고 단지 입에 발린 겉치레가 될 뿐이다. 그는 공부에 게을러지고 힘든 노력 없이 직접 개념과 통일성, 그리고 깊은 의미를 터득하고자 한다. 그의 사고방식으로는 그런 힘든 노력은 단지 하찮은 것을 파악할 뿐이라고 여겨진다. 그는 몇 권의 양서를 읽는 것으로 학구적인 공부를 하고 있다고 생각한다.

　결국 그는 진실한 노력을 벗어나 학문 대신에 교훈적(教訓的) 기분(氣分)을 추구하게 되며, 교실을 설교 연단으로 착각하게 된다.

　운이 좋으면 학생은 저마다 자신의 길을 개척한다. 그 길은 발전과 목표로 인도해 주며 단지 그 학생 스스로의 직관(直觀)에 의해 인도된다. 궁극적으로 자신이 가고 있는 방향을 모르면 가장 먼 길로 가게 된다. 자신이 하고자 하는 공부에 내포되어 있는 전체적인 의미를 곰곰이 생각해 본다는 것은 우리 자신의 방향을 찾는 데 직접적인 도움을 주지는 않는다. 그러나 그것은 우리로 하여금 가능성과 한계성을 인식케 해주며 따라서 혼란을 막아 줌으로써 우리를 간접적으로 도울 것이다. 큰뜻을 품은 학자는 자신의 공부의 방향·순서, 그리고 목표에 대한 더욱 광범위한 문제를 숙고한다.

그도 그럴 것이, 알고자 하는 의지는 우리가 하고 있는 일이 무엇인가를 명확히 이해하고자 하는 의지를 뜻하기 때문이다. 이 책에서 우리가 논하는 내용은 삶의 한 방식, 즉 인간 실존의 한 형태로서 지적인 명확성에 대한 탐구를 돕는 데 그 목적을 두고 있다.

대학에서는 세 가지 요소가 요구된다. 전문적인 훈련, 전인교육(全人敎育), 그리고 연구가 바로 그것이다. 대학이란 지적 직업에 종사하는 학교이며 동시에 문화의 중심이고 연구기관이기 때문이다. 사람들은 대학으로 하여금 이 세 가능성 가운데 택일하도록 강요해 왔다. 그들은 우리가 대학으로부터 참으로 기대하는 것이 무엇인가를 묻는다.

그들의 말에 의하면, 대학은 모든 것을 전부 행할 수는 없기 때문에 이 세 가지 길 중에서 한 가지만을 선택, 결정해야 한다는 것이다. 심지어 그런 대학은 해체되어, 세 가지 특수한 종류의 학교, 즉 전문적인 직업훈련을 위한 기관, 특수 직원을 포함할 수도 있는 일반적 교육기관, 또 연구소로 대치되어야 한다는 제의도 있었다.

그러나 대학의 이념상 이 셋은 분리될 수 없게끔 통합되어 있다. 그 중의 하나가 떨어져 나가면, 대학의 지적 본질은 반드시 파괴되며 동시에 그 하나도 절름발이가 될 것이다. 이 셋은 모두가 살아 있는 전체의 요소가 된다.

그들을 따로따로 분리해 놓으면 대학의 정신은 멸망한다.

연 구

대학생활에 있어서 교수와 학생들은 인간의 근본적인 지식탐구라는 단 하나의 동기에 의해 추진된다. 지식의 향상을 위해서는 완강하고 지칠 줄 모르는 노력이 필요하며, 이 노력에는 세 가지 요소가 포함된다.

(1) 좁은 의미의 노력은 배움과 연습을 뜻하며, 이로써 우리의 지식의 영역을 넓히고 방법을 터득함을 말한다. 노력은 다른 모든 것의 기초가 된다. 노력에는 무엇보다도 훈련과 질서가 필요하다. 노력은 시간을 가장 많이 소모하며 또 어느 때나 시작될 수 있다.

오직 부지런한 노력만이 필요불가결한 토대를 쌓을 수 있고, 우리의 도구를 형성하고, 또 어떤 새로운 발견을 발표하고 점검할 수 있는 필수 방법을 제공해 주며, 단순한 추측으로 그칠 문제에 대해 실제적 증명을 가능케 해준다. 끊임없는 노력에 따르는 순수한 단련과 인내를 누구나 존중하지 않을 수 없다. 학생은 학교에서 그러한 노력을 배우는 즉시 그것에 착수해야 한다.

괴테의 말대로, "우리가 우리의 천부적 재능을 증가시킬 수 있는 체계적 방법—기술이라고 불러도 좋고 예술이라고 불러도 좋은—의 존재를 일찍 깨달으면 깨달을수록 우리는 그만큼 더 행복하다."

그러나 훌륭한 능력을 뽐내며 또 그것이 자신의 공헌을 가치 있게 해주는 데 충분하다고 생각하는 사람은 누구나 용구(用具)와 기술의 늪에서 길을 잃게 마련이다. 순정(純正)한 근면은 진정한 지적 능력이 더욱 넓은 범위를 지녔다고 해서 시기하거나 또는 비열하게 분개하는 것을 부끄럽게 여기지 않는 법이다.

(2) 노력이 단순히 끝없는 고역이 되어서는 안 되며 또 노력 속에 의미가 있어야 된다면 자발적인 열의로만은 안 되며 그 이상의 것이 있어야 한다. 비이성적이고 직관적인 구상(構想)이 학자에게 최초의 원동력이 되고 그의 발견에 중요성을 부여한다. 구상은 점점 자라나 그것을 의지만으로써 밀고 나갈 수는 없게 된다. 그러나 그것은 꾸준히 노력하는 사람들에게 있어서만 성장한다.

'추측'이란 것은 예기하거나 측정될 수 없다. 학문을 번성시키는 유일한 원인—분명하지도 않고 판단하기도 모호하며 만들어 낼 수 없는 어떤 것—은 헌신적인 배려를 요한다. 지적 연구를 하는 사람은 '자신의 주제(主題)에 대해 영원히 사고해야 하는', 즉 자신의 업무로 속속들이 가득 차 있는 그러한 사람들의 집단에 속하는 것이다. 그의 삶은 공부와 오락으로 나누어져 있는 것이 아니다.

생활방식은 구상에 있어서 아주 중요한 조건이다. 특히 중대하게 받아들여져야 할 구상에 있어서는 그것은 필수조건이다. 많은 사람들이 좋은 구상을 해왔지만 그대로 방치해 두었기 때문에 곧 망각해 버리는 것이다.

(3) 학자는 단순한 근면을 초월하여 지적 양심(良心)을 갖고 있다. 어디에서나 행운과 올바른 직관을 신뢰해야 한다는 것을 인식하는 반면, 동시에 자신의 창조적 충동에 대해 의식적이고 솔직하게 제어(制御)를 하도록 애써야 한다. 목적과 생각이 없는 근면, 즉 단순한 감각과 믿음, 단순한 동의와 교훈은 그가 그 자신의 창조성대로 밀고 나가지 못하게 하며 또한 그의 양심에 어긋나는 것이다.

학자는 우연과 따로따로 일어난 사건들을 전체와 연결시키고자 애쓴다. 그는 연속성(連續性)을 찾고자 노력하며 잇달은 생각의 실마리를 차단시키는 것을 반대한다. 그러나 그의 양심이 그를 더욱 멀리까지 인도할 어떤 생각을 좇으라고 요구한다면 그는 생각의 연속을 차단시킨다. 그러면 그는 집중적으로 그 생각을 추구하게 된다. 그는 단일한 생각의 실마리를 따라 이루어지는 절대적 연속성을 신용하지 않으며 마찬가지로 빈번한 재결정(再決定)을 신용하지 않는다.

그는 자신의 생각이 지닌 궁극적인 의미를 파악하려

고 노력하며, 그 의미를 자신의 공부에 개입시키기를 원하므로 단순히 유행적인 것이나 추세를 따르는 것에는 흥미가 없다. 그러나 현재, 즉 현순간(現瞬間)을 영원히 구체화한 모습이라고 생각하고 관심을 갖는다.

그는 자기 자신을 격리시킬 수 있다. 그는 어느 누구도 그가 올바르게 해나가고 있는지 아닌지를 판단할 수 없다는 것을 잘 알고 있다. 그의 지적 양심이 모든 결정을 내린다. 외부의 어떤 조언(助言)도 그의 책임의 짐을 가볍게 해줄 수는 없다.

이러한 세 가지 요소에 근거를 두는 지적 노력을 향상시키는 것이 대학의 책임이다.

배움의 과정에서는 뚜렷한 주제를 다룬다. 무엇이나 이 근본적인 지식탐구의 대상이 될 수 있다. 세상에 존재하는 것은 무엇이든지 대학의 영역에 들어와 연구의 대상이 되어야 한다. 지식은 오로지 정신에 의해서만 창조되는 것은 아니다. 이런 의미에서 수학자와 논리학자만이 자제적(自制的)이며 일상생활의 경험, 그 이상은 필요로 하지 않는다.

학생은 항상 경험적 관찰을 위한 자료를 요구한다. 대학은 이 점을 인식하고 있으므로, 소장품·도서관, 또 상담소 등의 부가적인 도움을 학생에게 제공한다. 공부와 연구의 자료, 그 자료의 사진 장치와 실험기구 등도 이용할 수 있다.

그러나 무생물(無生物)만이 지식의 전 대상이 되는 것은 아니다. 정신은 본질적으로 살아 있다. 주어진 역사적 시대와 문명은 진정한 자아 인식(自我認識)에 도달할 수 있다. 이러한 것은 사고하는 시대의 구성원들이 시대와 서로 '주고받는' 관계를 유지하며 지적 생산력을 가진 사람들과 교제할 때에 이루어진다.

대학은 지적 분위기라는 정의할 수 없는 배경을 근거로 존재한다. 또한 대학은 의지의 행위나 조직의 행위로 유발될 수 없는 인간의 '주고받음'을 배경으로 하여 존재하며, 이러한 관계는 대학 내에 존재하기도 하고 그렇지 않을 수도 있다.

수없이 많은 종류의 집단들과의, 무수한 종류의 개인적 관계가 형성된다. 만일 대학 내에서 이러한 인간적이고도 지적인 생명력이 고동치기를 멈추거나, 현학자(衒學者)나 속물(俗物)만이 인간으로서의 그들에게 낯설은 현존 자료(現存資料)의 연구에 종사한다면, 대학은 무력해진다. 문헌학만 있고 철학이 없다면, 기술은 있되 이론이 없다면, 또 끝없는 사실들만 있고 사상(思想)이 없다면, 대학은 무력해진다.

대학 세계는 항상 한정되어 있지만 여행, 학자의 초빙, 넓고 또 깊은 개인적 관련, 외국과의 연관 등으로 더욱 넓혀질 수 있다. 또 의사와 같이 다른 사람들이 영구 체제(永久體制)로 봉사하는 어떤 실제적 과업에 인원을 제공함으로써 공헌한다면 그 세계를 확장할 수 있다. 그러한 실제적 활동이 학자들의 집단에서 공동으로 분담되고, 이념화되고, 반응을 일으키게 한다면, 그것은 대학의 이념을 더욱 강화시킬 수 있는 것이다.

연구가 대학의 과제가 되어야 한다면 이 과제를 실현시키기 위해서는 많은 제약과 충돌하지 않으면 안 된다. 그러므로 다른 의무가 부가되지 않도록 순수한 연구만을 위한 기구를 만드는 것이 나을 것이라는 결론을 내린 사람들도 있다. 그러한 연구기관은 실제로 조직되었고 훌륭하게 일을 해내었다. 그러나 여전히 그것은 근본적으로 대학의 한 분파(分派)로 남아 있다. 결국 그것은 대학과의 연관성(聯關性) 내에서만 번성할 것이다.

그 기관은 재능의 공급을 대학에 의존한다. 더욱이 연구 그 자체는 지식 전체에의 접근에 의존하며 여러 종류의 전문가들의 의사 교환에 의존한다. 연구기관이 연구 성격에 따라 특수한 장소에 얽매이지는 않지만, 연구기관은 대학가에 위치하는 것이 좋다. 얼마 동안은 특수 분야의 과제가 놀라운 성공을 거둘 수 있으며 특히 자연과학에서 그러하다.

그러나 연구가 지식 전체와 활발하게 교환을 할 때만 연구의 의미와 창조적 연속성은 지속될 수 있다. 어떤 학자는 다른 의무에서 벗어나 그의 일생을 연구소에서만 보냄으로써 이익을 얻을 것이다. 그러나 그가 성취

한 것은 모두 학구적인 집단과 활발하게 교환을 함으로
써 이루어진 것이며 그도 언젠가는 그 집단으로 돌아오
게 될 것이다. 더구나 가르친다는 것은 때때로, 아니 거
의 언제나 연구의 자극제 역할을 한다.

무엇보다도 가르치는 데는 연구만이 제공해 줄 수 있
는 바탕이 절실하게 필요하다. 따라서 연구와 교수의
결합이야말로 숭고하고 양도할 수 없는 대학의 기본원
칙인 것이다. 그러한 결합이 합리적인 것은 그것이 경
제적 방법이기 때문도 아니고, 또 그 결합만이 학자가
연구할 수 있게 해주기 때문도 아니며, 그것은 이상적
으로 볼 때 가장 훌륭한 연구원이 또한 가장 훌륭한 교
수가 되기 때문이다.

연구원은 교육학적으로 부적당할 수도 있다. 다시 말
해서 그는 단순한 사실을 전달하는 데 부적당할지도 모
른다. 그러나 그 사람만을 학생들이 진정한 발견 과정
(發見過程)과 접하게 해주며, 따라서 기억력에 맡겨질
수 있는 생명 없는 결과보다는 학문의 정신과 접할 수
있게 해준다. 그야말로 그는 학문적 탐구정신에 생명을
부여해 주는 화신이다.

우리는 그와 소통할 때 존재하는 그대로의 참된 지식
을 보게 된다. 그는 학생들의 내부에도 비슷한 충동을
불러일으켜 지식의 근원으로 이끌어 준다. 스스로 연구
하는 사람만이 진정 가르칠 수 있으며 그렇지 않은 사

람들은 교육학적으로 정리된 사실의 묶음을 전달할 뿐이다. 대학은 고등학교가 아니고 더욱 고차적(高次的)인 배움의 전당이다.

대학에는 직업학교가 있다. 이곳에서는 근본적으로 학문적 견해를 가진 사람들만으로 채워져야 하는 직업에 대비할 졸업생들을 준비시킨다. 이러한 것은 협의의 전문적 훈련과는 엄연히 구별되는 것이며 연구와 방법에 있어서 익숙함을 필요로 한다. 이러한 전문적 직업에 대비하는 가장 좋은 준비는 폐쇄된 지식의 덩어리를 암기하는 것이 아니고, 학구적이고 과학적인 사고를 위한 능력을 단련하고 발달시키는 것이다. 오직 이러한 것만이 일생을 통해서 그 이상의 지적이고 학문적인 훈련의 기초가 될 수 있다. 대학은 전문적 훈련을 위한 기초만을 줄 수 있으며 또한 이에 통달하려면 연습을 통해서만이 가능하다. 연습을 통해 최종의 성장(成長)을 얻을 수 있도록 대학은 가장 좋은 환경을 제공해 주어야 한다.

젊은이는 질문하는 방법을 배워야 한다. 체계적으로 공부해야 하며 또 그 진상을 규명해야 한다. 그러나 머릿속에 사실의 전부를 넣고 다닐 필요는 없다. 이런 경우에는 항상 지속적인 가치를 갖지 못한다. 우리는 시험이 끝나면, 곧 잊어버린다. 시험이 끝난 후의 결정적인 요소는 익힌 사실의 총계가 아니라, 우리의 판단력이다.

즉, 중요한 것은 사실에 대한 지식 그 하나가 아니라, 더 나아가 스스로 사실을 파악하며 또 어떤 것을 질문해야 하는가를 아는 능력과 진취성(進取性)인 것이다.

이러한 능력은 사실을 암기함으로써가 아니라 생명 있는 연구를 접함으로써 얻어진다. 기술적인 세목(細目)이나 개요(概要)와 같은 것들은 배제되는 것이 아니고 단지 교과서 공부에 맡겨질 뿐이다. 50년 전만 하더라도 사람들은 '고등 교육기관은 고등학교가 아니다'라고 말하곤 했다. 우리의 이론적 공부에 있어서 실용적(實用的)인 자료를 될수록 많이 망라한다는 것은 확실히 좋은 생각이다.

그러나 그렇다고 해서 가장 중요한 요소인 활발한 지성(知性), 문제를 터득하는 능력과 의문을 제기하는 능력, 또 방법의 통달이 해결되는 것은 아니다.

대학은 그 명칭이 나타내듯 '전세계(全世界)'이다. 발견과 연구는 학문별로 나뉘기는 하지만 보이지 않는 하나의 전체를 이룬다. 만일 대학이 전문학교의 집단으로 화하여 '보통 교육'을 단순한 겉치레로서, 또 보편성에 대한 애매한 공론으로서 묵인해 버린다면 대학은 타락한다.

학문은 전체와의 관련성에 의존한다. 전체 지식과의 연관으로부터 벗어난 개별적 훈련은 무의미하다. 그러므로 대학은 학생들에게 특수 분야와 전체 지식 두 가지 사이의 통일성에 대한 관념을 불어넣고자 의도한다. 학교 교육이라는 전체 업무, 즉 일상적인 것과 사실을 습득하는 일이 학문의 이상과의 연결 의식(連結意識)을 상실하거나, 또는 학생들이 그 이상에 좇아 생활하지 못하게 한다면 오히려 해롭게 되어 버린다.

그렇다면 대학은 직업에 두 가지 토대를 마련해 주어야 한다. 즉, 대학은 통합된 지식의 탐구와 아울러 학문적 견해에 대해 평생을 헌신하도록 고무하지 않으면 안 된다. 이 두 가지는 모든 지적인 직업을 위해 필수적이다. 지적인 직업이란 전문 기술의 일상적인 실습, 그 이상을 의미한다. 의사·교사·행정가·재판관·목사·건축가 등은 자기 나름대로 인간의 전반과 인간의 삶 전반에 대해 전문적으로 관여하고 있다. 이러한 직업을 위한 준비는 만일 우리를 전체와 연결시키지 못하거나 우리의 지각력을 발달시켜 주지 못한다면, 또 광범위한 지식의 범주를 보여 주지 못하거나 우리가 철학적으로 사고하도록 만들어 주지 못한다면, 무분별하고 비인간적인 것이 되어 버릴 것이다. 지위가 주어질 때 생기게 마련인 직업적 일상생활의 결함은 익숙해짐에 따라 제거될 수도 있다. 그러나 학문적인 훈련에서의 근본적인 결함은 고칠 수 없다.

머리를 쓰는 직업에 종사하는 사람은 누구나 학문적인 견지에서 사고하지 않으면 안 된다. 그러나 진정한 학자는 전체를 망각하지 않으며 오랜 시간을 요하는 생각에 필요로 하는 노력을 고집할 수 있는 사람이다. 이와 같이 실제적인 학문적 훈련을 전달하는 최선의 방법은 연구의 습관을 장려하는 것이다.

전체와 소통하는 것은 소위 '철학적' 관점이라고 불리는 것이다. 모든 학문은 이러한 의미에서 '철학적'이다. 다만 그것이 수단을 위해 목적을 저버리는 일이 없고, 단어와 사실의 목록을 만들려는 관심, 그리고 기구(機具)나 수집, 기술, 또는 고립된 현상에 대한 관심 때문에 자신과 자신의 이념을 망각하지 않는 한에 있어서 말이다. 칸트의 말을 빌리면, '지식의 모든 다른 분야에 가치를 대여해 주는 것은 존엄성(尊嚴性), 즉 철학의 절대적 가치'라는 것이다.

이것은 누구나 철학을 배워야 한다는 의미가 아니다. 많은 사람들은 의문을 제기하는 새로운 방법으로 또 '철학 일반'에 대한 공격으로 스스로의 철학적 충동을 나타냈다. 그러나 철학이란 학문과 인간 생활 자체 내에 작용하는 철학이어야 중요성을 갖게 된다. 이것은 단순한 철학의 어휘와 특수 용어와는 대척적(對蹠的)인 것이며, 철학을 비방하는 사람들이 공격하고자 하는 것은 대부분 바로 이 후자이다.

참으로 중요한 것은 연구의 출발점이 되는 철학적 충동이고, 연구의 방향을 부여하는 이념이며, 연구에 가치와 그 자체의 목적을 주는 의미인 것이다. 그런 종류의 철학적 사고는 학자를 형성해 주고 그들에게 동기(動機)를 줄 수 있는 가치를 지니고 있다. 즉, 대학 전체에 스며 있는 철학인 것이다.

철학이 그 전체와 접촉하지 않고도 번영할 수 있음에도 불구하고 철학을 위한 특수강좌와 특수학과가 존재하는 것은, 순전히 행정적이고 교육학적인 근거에서만 정당하다.

정신 형성으로서의 교육

정규 교육은 전통과 마찬가지로 특수한 형태의 사회 조직에 의존하려는 일반적 경향이 있다. 교육 관점의 변화는 역사의 흐름에 따라 한 국가가 겪는 변화에 필적할 수 있다. 교육에 있어서 그 형태를 단일화(單一化)시키는 요인은 그때그때 주어진 사회의 집단, 예컨대 교회·계급·국가 들의 지배를 그대로 반영한다.

교육은 이러한 사회 집단이 대대로 스스로를 영속화(永續化)시키는 방법이라고 표현할 수도 있을 것이다. 따라서 사회적 혁명이 일어나면 교육도 변형된다. 더구나 사회적 혁신을 꾀하고자 할 때는 우선 교육적 문제에 손을 대게 마련이다. 이 때문에 교육의 중요성과 방법을 고려하는 데는 반드시 국가와 사회의 보다 광범위한 문제를 포함하게 된다.

플라톤의 공화국과 같은 좋은 사회를 위한 청사진에서는 정치적 조직과 교육적 조직이 서로 공존하는 것으로서 취급된다. 교육은 각 개인이 회사의 한 구성원이 되도록 준비시켜 주며 반대로 사회는 개인의 교육수단이 되는 것이다.

교육적·역사적 변화의 관점에서 몇 가지 면을 고찰해 보기로 하자. 무엇이 교과과정에 포함될 것인가는 그 시대의 사회적 요청에 의해 결정된다. 성직자를 위한 준비에 있어서는 신학적 지식이 요구되고, 인도주의적 교육을 위해서는 언어 사용 기술에 대한 훈련이 요구된다. 그리스의 귀족 교육을 위해서는 신화와 전설에 대한 지식이 필요했다. 오늘날에는 사회학·경제학·공예학·자연과학, 그리고 지리학에 역점을 두고 있다.

교육은 교양의 전형(典型)에 따라 변화한다. 학교의 조직 방법은 사회구조를 반영한다. 과거에는 몇몇 계급을 위한 학교, 즉 귀족을 위한 학원, 귀족과 문벌가를 위한 사설(私設) 교육과 같은 다양한 교육제도가 시도되었다. 모든 민주주의는 공공의 학교교육을 요구한다. 그도 그럴 것이, 교육의 기회 균등처럼 사람을 균등하게 만들어 주는 것은 없기 때문이다.

사회적·역사적 고찰은 별문제로 하더라도 교육은 그 특성에 따라 다음과 같이 세 가지 기본 형태로 나눌 수 있다.

(1) 형식적 학교 교육

이런 유형의 교육은 단순히 전통의 '전달'에 국한된다. 교사는 단지 재연할 뿐 그 자신도 독창적 연구에 활발하지 못하다. 모든 지식은 체계화되어 있다. 일정한 저자와 책들이 권위 있는 것으로 여겨진다. 교사의 역할은 비개인적인 것이다. 그는 대리인(代理人)일 뿐, 자격을 갖춘 사람이라면 누구든지 그를 대신할 수 있다.

모든 자료는 판에 박은 것처럼 공식화되었다. 중세의 교사는 학생들에게 원문을 받아 쓰게 하고 거기에 대해 주석을 달아 주었다. 교과서를 이용하게 되자 받아쓰기는 필요하게 되었다. 그러나 중세 교육의 밑바탕이 되는 생각은 오늘날에도 살아남아 있다. 학생은 자신을 보호해 주는 사고 체제(思考體制)에 스스로를 종속시킨다. 그러나 그로 인해 자기 자신을 어떤 하나의 개성에 종속시키지는 않는다.

지식은 항상 정돈된 세계상으로서 고정된다. 이런 경우, 학생은 오로지 고정되고 영속적인 것에만 관심을 갖게 되고 결과에 동화하기를 원하며, 괴테의 〈파우스트〉에 나오는 생도처럼 '글씨로 쓴' 결과를 가지고 집에 돌아오는 것을 원한다. 형식적인 접근 방법은 계속 서구의 합리주의에 필요불가결한 것으로 남아 있는 것이다.

⑵ 도제(徒弟) 교육

　여기에서 중요한 것은 비개인적인 전통이 아니라 독특하게 느껴지는 개성이다. 교수 개인에게 바쳐지는 존경과 사랑은 숭배와도 같은 요소를 지닌다. 교수와 학생 사이의 간격은 그 두 세대의 양적(量的) 차이에서만 생기는 것이 아니라 그 위에 고요한 질적 차이에서도 비롯된다. 교사는 놀라운 힘을 가지고 권위를 발휘하며, 여기에는 광범위하고 다양한 동기가 작용하게 된다.

　스스로를 종속시키려는 요구, 책임을 회피하려는 욕망, 위대함과 관련을 함으로써 경험하는 위안, 거기에 자부심의 앙양과, 우리 스스로에게 부과할 수 있는 어떤 것보다도 더욱 엄격한 훈련의 필요성 등이 결합되어 있는 것이다.

⑶ 소크라테스식

　교육에서는 교수와 학생이 동등한 입장에 서야 하며 모두 자유로워야 한다. 여기에는 엄격하고 고정된 교육제도는 존재하지 않고 오히려 절대자(絶對者) 앞에서 끝없는 물음과 궁극적인 무지(無知)가 있을 뿐이다. 개인은 그의 책임을 최대로 수행하여 그 책임의 경감은 있을 수 없다.

　교육은 '조산술'과 같이 학생이 자기의 능력과 힘을 탄생시키는 것을 돕는다. 학생은 눈을 떠서 자기 자신의 능력을 인식하게 된다. 그는 외부로부터 강요받는 것이 아니다. 경험적 개체의 우연성이 아니고 자기 실현(自己實現)의 과정에서 나타나는 우리의 진실한 자아가 중요한 것이다. 소크라테스적인 교수는 학생들이 그들을 권위자와 주인으로 추구하는 것을 반대한다. 이 속에 학생들에 대한 가장 큰 유혹이 존재한다.

교수는 그들로부터 학생들을 쫓아 버리고 학생들 자신으로 돌아가게 한다. 여기에 있어서 학생과 교수 사이의 밀접한 관계는 복종의 관계가 아니고 진리를 위한 경쟁의 관계이다. 교수는 자신이 단지 인간에 불과하다는 것을 알고 있으며, 그의 학생들로 하여금 인간과 신을 구별할 것을 요구한다.

교육의 이러한 세 가지 형태에 있어 존경심이 지배적 요인이다. 형식적인 학교교육에 있어서는 사회구조의 계층에서 볼 수 있는 전통(傳統)이 존경의 초점이 된다. 도제(徒弟) 훈련에 있어서는 교수의 인격이 존경의 중심이 된다. 소크라테스식 교육에서는 인간의 삶에 이 두 개의 세계에 다리를 걸쳐야 한다는 짐을 부과해 주는 초절적(超絶的) 상태의 정신에 존경이 집중된다.

교육에 있어 존경이란 없어서는 안 될 요소이다. 그것이 없으면 고작 근면함이 남아 있을 뿐이다. 존경심이야말로 교육의 본질 그 자체이다. 인간성은 인간이 절대적인 것을 실현하도록 요구하며, 그것이 없으면 모든 것이 무의미하다.

이 세상에서 그러한 절대적인 것은 세 가지 수준 위에 반영될 수 있다. 우선 단체적인 수준, 즉 우리가 속하게 되어 있는 사회 집단이나 국가 또는 제도화된 형태나 종교와 같은 것이다. 그리고 개인적인 수준이 있고, 또 이 두 가지 수준에 동시에 반영될 수도 있다.

교육이 엄격해지면 교육의 본질이 의심스럽게 된다. 권위 있는 사람들이 고의적으로 비밀 상태를 지킴으로써 존경심은 인위적으로 유지될 수도 있다. 또한 개인의 권위에 대해 맹목적인 복종을 요구함으로써, 그리고 복종하고자 하는 인간의 욕망을 불러일으킴으로써 존경심이 지속될 수도 있다.

교육에 있어서 본질적인 것을 추구하여 노력하는 대신 '임무의 수행'만이 행해지기도 한다. 사람들은 최선의 성취를 얻기 위해 애쓰는 대신에 인식과 지위를 얻고자 하는 자신의 야망에 찬 허영심을 만족시키려고 할 것이다. 교육으로 만인을 변형시키는 대신 사용 가치가 있다고 생각되는 자료의 암기(暗記)가 대신 행해질 것이고, 온몸을 바쳐 주어진 교육 이념을 받아들이는 대신에 시험을 위해 곧 잊어버릴 사실들을 습득하기에 여념이 없으며 또한 그것으로 교육을 받았다고 생각한다.

모든 정규교육(正規敎育)은 위에서 논한 세 가지 교육방식 중의 하나를 선택할 자유가 있다. 그러나 정규교육은 전달된 교육 내용이 가치를 갖고 있다는 가정하에서 이루어진다. 이러한 가치에 대한 믿음이 없다면, 진실한 교육은 존재할 수 없으며 단지 교육학적인 기술(技術)만이 존재하게 된다.

일단 교육의 본질이 의심스럽게 되어 그것에 대한 믿음이 흔들리게 되면, 따라서 교육의 목표가 무엇인가 하는 의문이 제기된다. 그러나 역사적인 입장과 우리 자신의 진정한 목표를 무시한 채 그러한 이념을 추구하고자 한다면, 즉 간단히 말해 우리 자신의 삶으로부터 격리시킨 채 그러한 이념을 추구한다면, 그것은 가망 없는 계획이다.

다음과 같은 교육 표어가 훌륭한 것이 못 되는 것도 바로 이 까닭이다. 즉, 특수한 소질의 개발, 도덕의 향상, 준거(準據) 기준의 확장, 성격 형성, 국민의 긍지, 저항력과 독립심, 자기 표현의 능력, 인격의 개발, 공동의 문화적(文化的) 전통을 통합시키려는 의식의 창조 등이다.

대학교육은 바로 그 성격에 있어 소크라테스적이다. 그것은 우리가 받는 교육의 전부도 아니고 고등학교에서 받는 교육과 같은 것도 아니다. 대학생은 어린이가 아니라 성인(成人)이다. 그들은 성숙하였으며 자신에 대한 완전한 책임감을 갖고 있다. 교수는 그들에게 숙제를 내어주거나 개인적 지도를 하지 않는다. 극히 중요한 요소인 자유는 전통적으로 수도원이나 군인 학교와 동일시되었던 그러한 인상적(印象的)인 훈련조차도 거부한다.

이렇게 엄격한 훈련과 지도에 대한 복종은 각 개인으로 하여금 알고자 하는 진정한 의지를 체험하지 못하게 한다. 그러한 복종은 신 이외의 어떤 근원이나 속박도 인정하지 않는 인간의 독립성(獨立性)의 개발을 방해한다.

대학교육은 의미 있는 자유라는 목표를 향한 형성 과정(形成過程)이다. 그 교육은 대학의 지적 생활에 참여함으로써 행해진다.

교육이란 따로 격리시켜 추구할 과제가 아니다. 이 사실 때문에 우리는 연구와 가르침이 분리될 수 없다는 원칙 다음으로, 연구와 가르침은 사실상 교육과정 전반으로부터 분리될 수 없다는 둘째 원칙을 세우게 된다. 연구와 전문적인 학교교육은 단순히 사실과 지식을 전달하는 것이 아니라 통일성(統一性)의 관념을 깨우쳐 주고, 학문적 태도를 개발시켜 주기 때문에 교육적인 효과를 지니고 있다.

분명히 말해 이렇게 활발한 지성을 개발시키는 것도 전인교육(全人敎育)에 비하면 아주 사소한 일이며, 전인교육은 그 이상의 것을 의미한다. 그럼에도 불구하고 대학교육은 전인교육의 필수적인 구성성분이 된다.

이런 의미로 해석되는 대학은 막연하지는 않으나 무어라 결정적으로 단언할 수 없는 방법으로써 학생들을 가르친다.

대학은 탐구와 정화 정신(淨化精神)에 대한 무한한 헌신 속에서 전인이 되는 데 있어 결정적으로 중요한 이성적이고 철학적인 충동을 포함시킴으로써 가르친다.

대학은 전인을 감싸는 데 성공할 수 있는 경지까지 그 사람의 고유한 인간성을 고양시켜 준다. 이 인간성을 로마인들은 인간의 휴머니타스(Humanitas)라고 불렀으며, 이는 논쟁의 경험, 이해력, 타인의 관점과 평행이 되게 사고하는 능력, 솔직함, 수양과 일관성 등을 말한다. 그러나 이런 인간성의 유형은 의식적인 목적이 아니라 저절로 얻어지는 부산물이다.

만일 교육이 학문과 격리되어 이런 목적을 위해 확립된 것이라면 목적한 지적 발달을 상실하게 된다. 우리는 문헌적이고 조직적인 학교교육 대신에 결과를 가르쳐 주고 예쁜 물건들을 관찰하도록 제공해 주는 얄팍한 '인도적' 교육을 즐기고, 또 그것에 대해 논하기를 원하는가? 우리는 영혼까지 깊숙이 스며들고 종교적 요구를 충족시키는 방향으로 나아가는 교육과정을 원하는가?

대학은 교회가 아니며, 종교 교단(宗敎敎壇)도 아니고 신비도 아니다. 또한 예언자와 사도를 위한 곳도 아니다. 대학의 원칙은 모든 도구를 제공하고, 지성의 영역에 모든 가능성을 제공하며, 각 개인을 미지의 영역으로 인도해 주고, 학생으로 하여금 자신의 모든 결점을 저버리고 다시 자기 자신, 즉 자신의 책임의식으로 돌아가게 해주는 것이다. 이러한 책임의식은 배움을 통해 깨달아지고 또 그 배움을 통해서 가능한 최고 수준과 가장 명확한 인식(認識)에 다다르게 된다.

대학은 알고자 하는 냉혹한 의지를 요구한다. 학문과 개인의 진취성은 병행하는 것이기 때문에, 대학은 가능한 한 가장 광범위하게 독립성과 개인의 책임을 개발시키고자 한다. 대학은 그 영역 안에서 무한하고 다양한 진리 이외에 어떠한 권위도 존경하지 않는다. 그 진리란 모든 사람이 추구하면서도 어느 누구도 궁극적이고 완전한 형태의 진리를 획득했다고 주장할 수 없는 것이다.

대학의 이념을 지닌 교육적인 힘은 인간의 알고자 하는 근본적 의지로부터 얻어진다. 그리고 교육을 받는 자에게 목적에 대한 확신과 함께 동시에 뛰어난 겸손함을 갖게 한다. 직관으로는 존재의 목적과 궁극적인 목표를 결정할 수 없다. 적어도 한 가지 명백하고 궁극적인 목적이란 다음과 같다. 즉, 이 세상은 이해되어지기를 원한다. 연구가 대학에 속하는 것은 직업을 얻기 위한 훈련의 기초가 되기 때문이 아니고, 대학 자체가 연구를 위해 존재하고 또 연구를 통해 그 의미를 실현시키기 때문이다.

학생은 앞으로 학자가 될 사람이다. 그가 현실을 구체화하는 방법이 이론적이라기보다는 실제적이어서, 발표 작품에 의해 측정되는 과학적이고도 학구적인 성취보다는 덜 생산적이라 할지라도, 그가 자신의 사고(思考)와 더불어 성장할 수 있다면 그는 항상 철학적이고 지적인 방향으로 나아갈 것이다.

조사한 바에 의하면, 이념(理念)의 세계에 자유로이 산다는 일은 학생들에게 위험으로 가득 찬 일이다. 그러한 생활방식은 단지 우리 자신의 책임을 근거로 할 때에만 성공할 수 있는 것이기 때문에 그는 자기 자신의 재능으로 되돌아오게 된다. 가르침의 자유로부터 배움의 자유가 싹튼다. 고등학교에서 볼 수 있는 권위나 규칙·규약, 그리고 공부의 감독 등이 대학생을 괴롭혀서는 안 된다. 그는 실패조차도 자유롭게 할 수 있다.

사람들이 흔히 말해 오기를, 한 세대의 사람들을 이해하기를 원한다면 우선 젊은이들을 이해하려는 모험을 해야만 한다고 한다. 학문 교육을 위한 장소, 또 협의(狹義)에 있어서의 배움을 위한 장소, 그리고 방법을 익히기 위한 장소가 존재하는 것은 명백하다. 그러나 학생은 자기가 참여하고자 하는 이런 교육의 범위 정도와 또 선생의 은혜를 입지 않고 오로지 책과 가까이 할 수 있는 시기를 자유롭게 선택할 수 있다.

이상적(理想的)으로 볼 때 교수와 학생 간의 관계는 권위가 아니라 서로 기준에 중점을 두는 소크라테스적인 동등한 상태를 의미한다. 범용이 아닌 지적(知的)

우월이 품격을 결정한다. 우리는 사고와 실행에 있어서로 상대방을 가장 높은 수준으로 이끌어 주어야 한다는 공동의 의무 아래 함께 생활하고 일한다. 우리의 적(敵)은 잘난 체하는 자기 만족의 속물적인 태도이다.

우리는 숭배하는 사람들을 가까이 하려는 기본적인 욕구를 가지고 있다. 위대한 사람 속의 존재, 바로 그것은 우리에게 가장 많은 것을 요구하며 그들에 대한 사랑은 우리를 촉진시켜 주는 요소가 된다. 그러나 그 관계는 여전히 소크라테스적인 것이며 아무도 권위자가 되지 않는다. 모래알은 절벽 바로 옆에서도 자유롭게 자주적(自主的)이다. 왜냐하면 모래알조차도 실체(實體)이기 때문이다. 뛰어난 지성을 인정받는다는 것은 우리가 스스로에게 어떤 것을 요구함을 의미하는 것이지, 우리로 하여금 우월감을 느끼게 하거나 다른 사람들에게 어떤 것을 요구할 권리를 주는 것은 결코 아니다.

근본적으로 대학의 전 구성원을 종합시켜 주는 두 가지 요소는, 마치 최고의 목적달성을 추구하듯 노력하는 공통된 사명감(使命感)과 또 동시에 그 사명을 좇아 행동하고 스스로를 증명하려는 끊임없는 압력이다. 이에 관련하여 광범위한 자아 분석에 빠지지 않고, 그러면서도 한편 외부로부터 인정받기를 요구하지 않는 것이 좋다.

학생들이 그 민족의 지도자(指導者)가 되어야 한다고 사람들은 말해 왔다. 어떤 사람들은 심지어 학교가 미래의 지도자를 위한 것이라는 이상한 생각을 갖고 있다. 그러한 생각은 대학의 이념에 위배되는 것이다. 지도자는 모든 계급과 직업으로부터 탄생한다. 전문 지식은 대학에서 얻어질 수 있는 것이 아니다. 우리가 지도자에게 '지성'을 요구하는 것은 매우 잘하는 일이며 또 좋은 일이다. 그러나 현실적으로는 지도자란 흔히 전혀 다른 요소로써 형성된다.

이 세상은 철학자에 의해 다스려지는 플라톤의 공화국(共和國)이 아니다. 권력에 대한 의지·결단성·신중성, 현실에 대한 관찰력, 실제 경험과 성공, 또한 성격의 특성 등이 중요한 소질이다. 지도자는 학계에서 배출될 수도 있다.

그러나 학구적인 직업에서 발견할 수 있는 사람들은 일반적으로 지도자형이 아니다. 목사·의사, 또는 교사는 확실히 좁은 의미에 있어서 지도자이다. 그것은 대학의 이념과는 아무 관계도 없는 외형적인 그의 권위 때문일 수도 있고, 또한 그의 개별적인 인격에 나타나는 인간성과 영성(靈性) 때문에 그가 '지도자'가 될 수도 있다.

이것은 끊임없이 의문의 대상이 되며 결코 개인이 주장할 수 있는 문제가 아니다. 또한 개인의 전문 분야에 있어서 유용한 전문 지식으로 인해 지도자가 될 수도 있을 것이다.

교 수

　교수(敎授)의 기교는 강의·세미나, 또 비공식적인 소집단 내의 실험, 그리고 두 사람 사이의 토론을 내포한다.

　교수에 있어 강의는 오랫동안 우월한 위치를 누려 왔다. 강의는 배울 자료를 제시해 줌으로써 듣는 사람이 어떤 방법에 의해, 또 무슨 이유 때문에 그 자료가 수집되었는가를 구상화(構想化)하도록 한다. 단순한 사실은 책으로부터 얻을 수도 있다. 강의에 있어서는 경청자들이 필기를 하고 그 강의에 대해 생각하지 않으면 안 된다. 그는 실험을 함으로써, 책을 공부함으로써, 또 지식을 확장시킴으로써 강의에 대비한다.

　우리는 훌륭한 강의의 기준을 세울 수 없다. 만일 강의가 훌륭하다면, 그것은 어느 누구도 모방할 수 없는 특수한 요소를 지니고 있는 것이다. 강의를 전달하기 위한 의미는 강연자의 개성에 따라 다르기는 하지만 매번 중요성을 갖는다.

　듣는 사람을 가르치고 또 그를 개인적으로 연구시키는 것을 목표로 하는 강의, 즉 청중을 지적(知的)으로 이끌고자 하는 강의가 있으며, 또한 연사가 청중을 망각한 채 진행중인 연구에 대해 독백하면서도 진정한 연구에 대한 참다운 참여 의식을 나눠 줄 수 있는 강의가 있다.

주제 하나를 온통 요약하고자 하는 강의는 비길 데 없이 우수한 것이며 그런 강의는 없어서는 안 되는 것이다. 만일 세부적인 것에 대한 공부가 동시에 추진되고 있다면 그 강의는 전체를 직시할 수 있는 충동을 일깨워 준다. 그러한 강의는 자신의 일생의 연구를 총계한 것에 의거하는 가장 원숙한 교수에 의해 전달되지 않으면 안 된다. 따라서 가장 뛰어난 교수들이 전체(全體)로서 다루어지는 기본 주제에 관한 일반적 강의를 하여야 한다.

기본훈련이란 그 특수한 내용이 보편적인 중요성을 가지는 훈련을 말한다. 보조적인 주제와 특수한 기술과는 반대로 그 훈련의 모든 세부는 그 자체가 궁극적인 목적이 아니라 전체 인식 과정(認識過程)을 상징하는 것이다. 훈련에 있어 그 전문화된 세목이 전체를 성공적으로 반영할 수 있다면, 그것에 의하여 그 훈련은 성격상 보편적이 된다. 그런 훈련에 내포되어 있는 보편성을 잘 나타내는 교과서가 존재하며 일정한 훈련이 스스로의 자료를 연구 조사하는 방법에 의해서 그 훈련이 어느 정도의 기본훈련인가가 밝혀진다.

과거 수십 년간 강의는 수많은 비난의 대상이 되어 왔다. 강의란 일방적이어서 듣는 이의 입장에서 보면 수동적인 태도를 조장시켜 주며, 듣는 이가 그 강의를 이해하거나 소화하였다는 뚜렷한 표시가 없다. 강의의 주제는 책에 더욱 자세히 설명되어 있게 마련이어서 책으로부터 더욱 빨리 배울 수 있다는 것이다. 이러한 이론은 매년 생명 없는 지식의 반복 같은 시시한 강의나 또는 일상적인 유창한 회화보다 나을 것이 없는 강의에 적용된다. 강의가 교수의 일생을 통한 참된 노력의 한 부분이 될 때, 동시에 아무도 모방할 수 없을 정도로 그 시대의 지적 생활을 잘 반영할 때에 비로소 그 가치를 지닌다.

　그러한 강의는 전통 속에서 바뀔 수 없는 것들에 속한다. 뛰어난 학자들에 대한 추억은 일생을 통해 우리를 따라다닌다. 인쇄된 강의, 어쩌면 심지어 낱말을 따라 그대로 기록된 강의란 뜻없는 찌꺼기일 뿐이다. 강의의 중점인 그 내용이 인쇄된 형태로 전달되는 것도 사실이다. 그러나 강연자는 그 내용을 전달하여 자신의 학문의 동기(動機)가 되는 전체 배경을 암시해 준다. 자신의 어조와 몸짓, 또 실재하는 그의 사고를 통하여 그 자신도 모르는 사이에 그 주제의 '느낌'을 전달할 수 있다.

　이런 것이 대화나 토의가 아닌 구어(口語)로써, 또 단지 강의에 있어서만 전달될 수 있다는 것은 의심할 여지가 없다. 강의라는 상황은 교사로부터 강의에 있어서만 얻어낼 수 있는 독특한 것을 환기시켜 준다. 그의 사고(思考)·진지성·의문, 그리고 당황함에는 어떠한 인공적인 요소도 없다. 강연자는 우리로 하여금 그의 가장 심오한 지적 생활에 참여하게 한다.

이러한 위대한 가치는 그것이 일부러 꾸며지는 순간 상실된다. 즉시 그 결과는 허식·미사여구·애상(哀想), 인위적인 상투 문구·겉치레·선동 행위, 그리고 파렴치가 되어 버린다. 따라서 좋은 강의를 위한 준비에는 법칙이 없고, 다만 그 문제를 진지하게 다루면 될 뿐이다. 즉, 강의를 우리의 지적인 직업상의 책임과 성취의 장점이라고 생각하며, 궁극적으로 모든 인위성(人爲性)을 부인하면 된다.

칸트에서 막스 베버에 이르기까지 1백50년 동안의 중요한 강의에 있어 강연자가 말을 더듬거나, 강연에 있어 실수를 범할지라도, 또 그의 문장이 문법적(文法的)으로 불완전하거나 틀린 것일지라도, 그리고 그의 목소리가 효과적이 아니라도 만일 강의의 지적 본질이 전달된다면 어떠한 것도 그 강의의 심오한 효과를 파괴할 수는 없다. 강의의 필기는 실제 강의의 미약한 영상만을 전달할 뿐이다. 그러나 개인적으로 강의를 기억하지 못한다 해도 그 강의가 어떠하였는지 상상하는 것이 우리에게 도전이 될 수도 있다.

세미나와 실험실의 작업에 있어서는 자료(資料)와 기구, 또 구체적인 예를 통해 배울 수 있는 관념 등과 실제적으로 접촉함으로써 우리는 조직적인 방법을 터득하게 된다. 학생은 솔선하여 이러한 내용에 대한 이해를 더욱 넓힐 수도 있다. 기술의 터득은 더욱 많은 노력을 필요로 한다. 이 책에서는 각각의 서로 다른 분야와 각기 다른 기술적인 설비에 적합한 교수법에 대해서는 논하지 않을 것이다. 많은 분야는 각각의 뜻대로, 가르치기 위한 대용품이 아닌 골자로서 사용되는 견고한 교육의 전통을 갖고 있다.

이러한 세미나와 실험실은 우리로 하여금 주제와 배움의 요소를 잘 알게 해주기 위해 만들어진다. 그것들은 단순히 지식을 전달하는 학과과정(學科過程)과는 근본적으로 다르다. 학과과정은 자기 스스로 더욱 낮고 빠른 공부를 할 수 없는 학생들의 경우에 지적인 진취성의 결핍을 보완시켜 준다. 왜냐하면 모든 세부에 있어서 전체는 항상 은연중에 또 간접적으로 존재하기 때문이다.

교과서의 지식이란 학생 스스로 빈틈을 메워야 할 곳을 인식할 수 있게 하기 위해 부수적으로 참고되고, 교실에서 간결하게 복습될 뿐이다. 본질적인 요소는 지식의 영역에 스스로 협력함으로써 우리의 지각력을 단련시키는 것이다. 독자적인 연구의 가장 좋은 동기가 되는 것은 교과서의 일반적인 지식을 모두 터득했다고 가정하고 특수한 문제를 다루며, 또 문제의 핵심으로 직접 들어가는 일이다. 교과서는 그것 혼자만으로는 지루

한 것이다. 반대로 단 하나의 대상에 자신을 얽어매는 것은 우리의 시야를 좁게 한다. 그 둘은 각각 상대방에게 생명을 준다.

마지막으로 교육은 토의의 형태를 취할 수도 있다. 근본적인 중요성을 가진 문제들이 작은 그룹에 제기되고, 모든 구성원들은 그 그룹에 적극적으로 참여한다. 이것은 그 대신 몇 참여자들로 하여금 진지하고 활기 있게 주고받는 태도로써 선생과 단둘이서 그 토의를 결정짓게끔 유도할 것이다. 이런 경우 학생과 선생은 이상적으로 서로 동등한 위치에서 만난다. 그들은 문제를 아주 명료하고 정확하게 공식으로 나타내고자 함께 노력할 것이며, 이로써 각자 다음부터는 혼자서 확고하고도 개인적인 공헌을 하겠다는 충동을 불러일으킬 것이다.

대학에서 가르치는 것은 '틀에 박힌 것'이 되어서는 안 된다. 가르침이 지적으로 살아 있을 때, 그것은 개인적인 형태를 취하지 않을 수 없다. 역설적으로 말하면 교수가 관념에 대해 진정 객관적인 접근방법을 취할 때 비로소 그의 가르침은 참된 개성(個性)을 지니게 된다. 객관적인 동시에 개인적인 본론으로부터의 탈선은 그 순간의 특별한 요구와 결합되어 가르침을 신선하고 활기 있게 지속시켜 준다.

보통의 학생들을 대상으로 가르칠 때와 천부의 재능을 가진 소수의 학생들을 대상으로 하여 가르치는 것은 별개의 것이다. 고등학교와 대학의 근본적인 차이란 고등학교에 있어서는 선생이 자기에게 맡겨진 모든 학생을 가르치지 않으면 안 된다는 점이다.

그러나 대학에서는 그런 의무가 없다. 대학교육은 매우 특수한 지적 열성으로 가득 차 있고 또 업무를 행할 수 있는 충분한 지능을 갖춘 선택된 수의 사람을 위한 것이다. 요컨대 대학에 다니는 사람들은 필요한 준비를 습득할 수 있었던 평균적인 그룹의 사람들이다. 따라서 제거 과정(除去過程)은 대학에 맡겨져 있는 것이다.

유망한 학생은 다음과 같은 소질을 구비하지 않으면 안 된다. 즉, 객관성(客觀性)에 대한 욕망과 지적 달성으로 향한 억누를 수 없는 자기 희생적인 질주이다. 이러한 소질은 미리 객관적으로 발견될 수는 없다. 단지 소수의 사람만이 이러한 소질을 갖고 있으며, 더구나 그것은 예언할 수 없게끔 분포되어 있다. 그 소질은 간접적으로만 개발될 수 있고 또 효력을 발휘할 수 있다.

그러나 만일 대학이 스스로의 이상적인 기준을 좇으려면 이 소수(少數)를 향해 나아가지 않으면 안 된다. 진정한 학생은 산더미같이 주어지는 교과과정에 당황하지 않고 지적 성장을 위해 불가피하고 필수적인 어려움과 실수 가운데에서도 자신의 길을 뚫고 나가리라는 신뢰를 할 수 있다. 선택력과 훈련이 그의 공부를 이끌어 나간다.

　우리는 어떻게 지도받아야 할지 몰라 쩔쩔매는 나머지 사람들이 거의 아무것도 배우지 못할 것이라는 사실을 인정하고, 또 어쩌면 그런 사실을 환영해야 한다. 대학을 고등학교화(高等學校化)하는 것, 즉 시간표·교과과정, 그리고 그밖의 기술적인 계획들은 대학의 이념과 충돌한다. 그것은 대다수의 학생들이 적어도 시험에 합격할 수 있을 정도로 배워야 한다는 이유 때문에, 보통 수준의 학생들의 요구에 대학을 적응시키는 데 기인하다. 이러한 방향의 논법은 고등학교에 있어서는 충분히 적합하지만 대학에는 해로운 것이다. 대학의 학생들은 그 연령만을 고려해 보아도 성인(成人)이다.

　그러나 대학의 가르침이 몇몇의 최상급(最上級)의 학생들에게 집중될 수는 없다. 그리스의 종교 역사가인 로드(Rohde)는 백 명 중의 아흔아홉의 학생은 선생의 가르침을 이해하지 못하며 나머지 한 명은 선생을 필요로 하지 않는다고 생각했다. 만일 그것이 사실이라면 그것은 매우 낙심천만한 일이 아닐 수 없다. 대학교육은 소수의 천재나 또는 보통의 평균적인 사람들을 대상으로 하는 것이 아니라 성장과 진취성의 가능성을 갖고 있으면서도 가르침을 필요로 하는 소수의 사람들을 대상으로 하는 것이다.

　재능에 있어 뒤떨어지고 또 게으른 학생들의 능력에 적합한 교육은 어쩌면 없어서는 안 될는지도 모른다.

그러나 전반적으로 대학교육은 그것과는 다르다. 학생의 두뇌에 비해 약간 높은 정도여서 학생들이 더욱 노력을 하게끔 박차를 가하는 강의와 세미나는 지나치게 단순화(單純化)함으로써 얻어지는 완전한 이해보다는 나은 것이다. 자율적인 독서와 실험실에서의 학습, 또 수집과 여행으로 형식적인 교실의 공부를 처음부터 보충해야 한다.

이미 언급한 바 있는 유망한 소수 중에서도 가장 총명한 학생에게 보조를 맞추어 가르친다면 대다수의 평범한 학생들은 노력을 해야 한다. 모든 사람을 완전히 만족시킬 수는 없는 기준에서 공부가 이루어진다. 지적으로 최상급에 속하는 사람들에 대한 존경심이 모두에게 자극하여 그들이 노력하여 스스로의 능력을 최대로 발휘하게 해야 한다.

강의는 어떤 일반적인 순서와 계획에 따라 행해진다. 초보자가 강의를 듣는 데 있어서의 순서는 중요한 것이다. 이런 까닭에 의무적인 학습 계획이 생기게 되었다. 그러나 이런 방식으로서는 결국 대학의 공부가 억지로 죄어지게 되었다. 대학은 통계적인 명확성으로 만족스런 평균치를 달성하기 위한 고등학교로 변하게 된다. 이렇게 되면 대학은 붕괴하게 된다.

학생이 스스로 적당하다고 생각하는 대로 배울 수 있는 자유를 억압할 때 우리는 그의 정신 생활(精神生活)

을 억압하는 것이다. 정신 생활이란 끝없는 실패와 좌절 속에서 우연히 성취되는 것이며 항상 범용(凡庸)한 행위를 초월한다. 학생과 선생은 모두 교과과정·시간표·시험, 또 평범한 기준에 얽매이게 되면 불행하다. 영감(靈感)이 없는, 또 영감을 주지 않는 상식적 분위기는 기술적인 '요령'과 시험에 적합한 사실적 지식을 터득하는 데에는 만족스런 효과를 낼 수도 있을 것이다. 그러나 그러한 분위기는 연구(研究)에 있어서의 참된 이해와 모험심을 억압한다.

5. 커뮤니케이션

　대학은 학문적인 배움과 지적인 삶에 몸바치는 사람들을 결합시켜 준다. 대학의 원래의 의미, 즉 선생과 학생의 공동체(共同體)라는 의미는 전체 학문의 통합만큼이나 중요한 것이다. 대학의 이념이 요구하는 것은 편견 없는 마음과 자신의 전문적인 훈련의 견지에서 통합된 전체의 관념에 도달하고자 하는 목적을 가지고 스스로를 사물과 기꺼이 연관시키려는 정신이다. 학과목뿐만 아니라 개인 상호간에 의사소통이 이루어지는 것이 이상적이다.

　따라서 대학은 학자들이 동료 학자들 또는 학생들과 직접적인 토의와 의사교환을 할 수 있도록 해주어야 한다. 그런 이상대로 따르지면 이러한 외사소통은 소크라테스적 유형(類型)이어야 하며 인간은 자신과 또 서로 상대방에 관해 명확히 이해할 수 있도록 질문을 제시하여야 한다. 비록 학문적(學問的) 업무가 궁극적으로 고립되어 있는 것이지만, 사색하는 집단에 근거한 의사소통의 분위기는 그러한 업무를 위해 적합한 환경을 창조해 준다.

지적으로 풍부한 의사소통은 두 사람 사이의 우정, 젊은이의 단체 조직, 또는 사랑과 결혼 등의 형태로 나타날 수 있다. 그림(Grimm) 형제나 실러와 괴테의 우정, 초창기의 독일의 학생 친목회와 같은 젊은이들의 단체 조직, 또는 셸링 부부, 스튜어트 밀 부부, 그리고 브라우닝 부부와 같은 결혼 등이 지니는 지적 중요성에 대해 자세히 설명할 필요는 없다.

대학은 모든 형태에 있어서의 진리를 아무런 조건 없이 추구하는 장소이다. 모든 형태의 연구는 진리에 이바지해야 한다. 이러한 헌신이 지니는 근본적 성격은 대학에 있어서 강한 지적 긴장감을 야기한다. 그 긴장감이야말로 진보의 조건이다. 지적 투쟁 속으로 타오르는 긴장감은 지적 논쟁의 과정에서 나타나는 공통된 바탕으로 인해서 중요성을 갖는다. 진정한 학자들은 열띤 논쟁 가운데서도 서로 굳게 결합되어 있다.

대학에 있어서의 학자들의 진리탐구는 실리적(實利的)인 의무를 수반하지 않기 때문에 그들은 서로 훌륭히 의사소통을 해나갈 수 있다. 대학이 인정하는 것은 모두 진리(眞理)에 대한 의무이다. 진리를 위한 이러한 투쟁은 경제적인 실존을 위한 투쟁과 혼동되어서는 안 된다. 진리를 위한 투쟁은 사심(私心) 없는 연구라는 입장에서 행해진다.

우리의 이념의 결과와 또 그 이념의 실제적인 적용에

대한 간접적 책임은 그 결과와 적용이 진실하거나 거짓되거나 또는 이들 모두이거나 간에 크다. 이념이 어떤 결과를 가져올는지는 미리 예측할 수 없다. 그러나 그렇게 예견할 수 없다는 것을 알기 때문에 책임감(責任感) 있는 사색가는 신중(愼重)을 기하게 된다. 헤겔은, "이론적 업무는 실제적 업무보다는 더 많은 것을 성취할 수 있다. 일단 관념(觀念)의 영역이 혁신되면 현실은 그에 대항하여 지탱해 나갈 수 없는 것이다."라고 말했다.

니체는 이러한 책임을 깨닫고 몸을 떨었다. 니체야말로 가장 급진적이고 파괴적인 형태로서 모든 사상을 이 세상에 던져 넣었던 장본인이다. 그는 극단(極端)이라는 마력에 도취되었고 그럼에도 불구하고 그것에 대해 공포감을 느꼈다. 그는 자신의 시대가 지닌 공허 속을 뚫고 소통하지 못한 채 단지 고함을 지른 것에 불과한 것이다.

의사소통에 있어 그 질(質)을 향상시켜 주는 두 가지 요소가 있다. 하나는 경제적인 것을 고려하지 않는다는 것과 이로 인해 자유로운 실험을 촉진시키는 것이다. 또 하나는 사고(思考) 그 자체의 책임이며, 이는 아무런 저항을 받지 않는 고립된 사고로서보다는 의사소통의 분위기 속에서 한층 더 활발하다.

지적 서술과 사상은 진리를 토대로 했을 때 비로소 그 효력을 지닌다. 의사소통은 진리탐구의 한 기능이다. 의사소통은 진리의 효과를 시험해 봄으로써 진리를 시험한다. 지성의 교환으로 대학은 진리탐구에 생을 바친 사람들이 만나는 장소가 되는 것이다. 왜냐하면 대학은 교과과정과 교육학적인 방침에 따라 지적인 자발성(自發性)이 엄격히 결정되는 그런 종류의 학교와 혼동이 되어서는 안 되기 때문이다.

이런 까닭으로 대학에 있어 의사 전달이 이루어지는 양상은 대학의 구성원 전체의 지적 책임감이다. 구성원들이 서로 상대방으로부터 스스로를 조심스럽게 차단시키거나, 의사소통이 단순한 사교적인 것으로 변하거나, 또 참다운 질적 관계가 관습에 의해 방해받게 되면 대학의 지적인 생활은 쇠퇴한다. 의사소통의 본질에 대해 자각적으로 숙고할 때 그러한 의사소통은 가능하게 된다.

논쟁과 토의

학문의 영역에 있어 의사소통은 토의를 통해 지속된다. 우리는 서로 자신이 발견한 것을 이야기한다. 그러나 참된 의사소통의 과정은 우리의 진술에 대해 질문이 야기될 때 비롯된다. 이 질문은 고도로 전문적인 논점에 대한 논의의 형태를 취하게 된다. 이러한 논의는 오로지 그것이 궁극적인 논쟁점을 향해 접근할 때 비로소 철학적인 것이 된다. 논의는 두 가지 형태, 즉 논쟁과 토의로 나타날 수 있다.

논리적인 논쟁에는 어떤 고정된 원칙이 가정된다. 이 원칙으로부터 우리는 어떤 결론을 공식적으로 연역해 낸다. 반박의 법칙에 의거하거나 고대로부터 논리적인 논쟁술에 의해 발달되어 온 무수한 비결을 사용함으로써 반대편을 굴복시킬 수 있다. 한 사람이 승리를 거둔다. 논쟁의 분위기는 시종일관 반대편을 물리치고자 하는 욕망을 특징으로 한다.

이러한 종류의 힘의 경쟁(競爭)에 있어 그 결과는 지적인 전체성(全體性)이라는 대의명분에 전혀 기여하지 못한다고 할지라도 형식적인 명료성을 위해서는 매우 쓸모 있는 것이며, 그 경쟁은 'contra prinicipia negantem non est diputandum(원칙 그 자체를 부인하는 사람과는 논쟁해서는 안 된다)'이라는 원칙에 따라 결국 의사소통이 중단되도록 이끈다.

진정한 의사소통에 공헌하는 데 알맞게 되어 있는 토의에 있어서는 고정된 법칙, 또 승리를 거둘 때까지 완강히 고집하는 관점이 존재하지 않는다. 그러나 양편은 각각 가정하는 전제를 발견해 내야 한다. 양편은 그 전제의 진정한 의미를 명확히 하고자 추구한다. 새로운 법칙이 발견된 경우 만일 그 이전에 토의된 것이 명확하게 끝났다면 그 법칙은 다시 새로운 토의의 출발점이 된다.

모든 사람은 자기 편의 사람이 은연중에 내세운 가정 (假定)을 지적해 내어 토의에 있어 공통된 바탕이 점차 드러나도록 해준다. 거기에는 끝이 있을 수 없으며 아무도 승리하는 사람은 없다. 옳은 것처럼 보이는 사람도 점차 자신이 과연 옳은가에 대해 의심을 품게 된다. 어떤 결론에 도달하든지 그것은 단지 발디딤의 역할을 할 뿐이다.

진정 자유로운 토의는 오로지 두 사람 사이에서만 가능하다. 한 사람만 더 끼어도 그것은 방해인자가 되며 토의는 쉽사리 논쟁으로 변하게 되고 지배 본능이 눈뜨게 된다. 그러나 좀더 광범위한 서클 내에서도 훌륭히 토의가 이루어질 수 있다.

이로부터 우리는 더 나아가 두 사람 사이의 토의를 좀더 철두철미하게 할 수 있는 토대를 닦을 수 있다.

광범위한 서클 내에서의 토의에 있어서도 우리는 참석자들의 전방과 입장을 가려낼 수 있다. 서로 다른 의견들이 계속 빠른 속도로 대두되지만 개인과 개인의 의사교환이 빨리 이루어질 때만 성공을 거둘 수 있는 그런 종류의 엄격한 토의를 하고자 하지는 않는다. 어떤 결론도 추구되지는 않는다.

따라서 많은 사람들 사이의 토의에는 특수한 규칙이 있다. 즉, 자신의 의견을 거듭 반복하지 말 것이며 또 자신의 관점의 '옳음'을 거듭하여 주장하지 말 것이다.

자신이 결론을 내리고자 해서는 아니 되며 자기가 하고
싶은 말을 하는 것으로 만족하고 나서 다른 사람들에게
귀를 기울여야 한다.

공동작업—학파의 형성

모든 학문적 성취는 궁극적으로 개인적인 성취이다.
그것은 개인이 달성한 것이다. 그러나 그것은 많은 사
람의 협력을 통해 더욱 증대할 수 있다.

협력은 의사소통으로부터 비롯된다. 이 두 요소가 공
존할 때 동기(動機)와 명료성, 그리고 자극이 최고에
달한다. 한 사람의 생각이 다른 사람의 생각을 일깨워
주며 공은 전후로 던져지게 되는 것이다.

협동(協同)의 연구는 공동작업과는 구별되어야 한다.
공동작업은 지적 산업화(産業化)라고 표현될 수 있으
며, 무엇이 이루어지는 것은 다만 그 연구과제의 우두
머리가 작업자에게 그렇게 하도록 지시하기 때문이다.

그 우두머리는 작업자들을 동료라고 부르지만 사실상
그들은 그 우두머리가 짜내는 계획의 사슬에 달려 있는
고리에 불과할 뿐이다.

공동작업의 또 다른 형태로서 많은 사람들 개개인이
주어진 연구과제 내에서 각자 특정한 문제에 대해 책임
을 맡는 것이 있다. 그러나 한데 모으기 위해 합친 그 전체는 여전히 공동적 집합체로서 구두나 필기를 통한 대화와 상호 비판에 의존하고 있는 것이다.

지적 전통의 지속성은 '사상학파(思想學派)'에 의해 대표된다. 사상학파가 일어나는 데는 두 가지 방법이 있다. 그 하나는 스승을 본받아 그의 업적을 확대·수정, 또 유추에 의한 성취로서 계속 지녀 내려오는 방법이다. 다른 하나는 파괴되지 않는 지적 전통으로서 그 전통 안에서는 학생이 선생과 같이 독립되어 있고, 이는 그 전통이 한 개인에 중점을 두는 것이 아니라 그룹에 중점을 두는 까닭이다.

이로부터 수세대를 거쳐 지속할 지적인 움직임, 즉 학파(學派)가 생겨난다. 여기에는 학생과 선생은 동등한 입장에서 서로 만나며 상호 의사교환으로 이익을 얻는다. 경쟁은 그들이 최대의 노력을 하도록 강요한다.

자신의 생각이 불러일으키는 반응에 비례하여 흥미도 커진다. 경쟁심과 선망은 객관적이고 경쟁적인 열의로 변형되어 나타난다.

사상학파는 자발적으로 성장하며, 유도되거나 고의적으로 고안될 수는 없다. 만일 그렇게 하고자 애쓴다면 인위적이고 깊이 없는 활동이 초래될 것이다. 학문적인 작업에 있어 범인(凡人)들이 대량으로 흘러들어옴에 따라 이곳 저곳에서 온실적인 교양이 생겨나게 되었는데, 그런 교양에 있어서는 다음 두 가지 중의 하나가 법칙으로 되어 있다. 즉, 외적이고 기계적인 방법을 쉽사리 터득하고 적용할 수 있는 것처럼 보여서, 모든 사람이 '참여'할 수 있을 정도로 되거나 아니면 일정한 수의 공식(公式)과 함께 순전히 형식적인 사고방식으로써 거의 모든 것을 처리할 수 있어야 한다.

새로운 생각은 보통 매우 조그마한 서클에서 비롯된다. 어떤 연구소나 임상 강의실 같은 곳에 있는 소수의 사람들, 두서너 명이 서로 공통된 생각을 교환함으로써 영감을 얻게 되고 그 생각이 새로운 공통된 직관과 성취를 가져온다. 그러한 정신은 동료들간에 은밀히 성장하여, 객관적인 성취를 이룸으로써 그 가치를 증명하게 되며, 드디어는 완전히 성숙한 지적 활동이 되는 것이다.

대학 전체는 결코 그러한 정신에 의해서 통합될 수 없다. 그 정신은 조그만 그룹에 속한다. 그런 그룹들이 서로 의사를 소통할 때 대학은 가장 활발히 살아 있게 된다.

대학의 제학문과 세계관

대학에서는 모든 학문이 통합되며 그것을 배운 학생들이 서로 만난다. 학생들은 수많은 형태의 지식이 만남으로써 통합되고 또 고무된다. 그들의 상호 자극은 배움의 통합으로 이끈다. 모든 학문은 고립되면 서로 아무 관련 없는 개체(個體)의 느슨한 집합체로 분리되게 마련이다. 그것이 대학에서 결합됨으로써 서로의 관련성이 일깨워지며 통합을 위한 노력을 고무시킨다.

그러나 학문간의 명백한 소통은 암암리에 이루어지는 소통인 광범위한 토대에 그 근거를 두고 있다. 지적 활동은 견인성(牽引性)을 갖고 있으며, 그 활동이 충돌하는 경우에 있어서도 각각 서로의 분리된 본체(本體)를 인정하는 것이다.

소통하고자 하는 의지(意志)는 모든 생소하고 소원한 것에 대해 공격을 가하며, 또한 개인적인 믿음의 세계 속에서 자신을 밀폐시키려는 사람들에 대해서도 공격한다. 자발적으로 의사소통을 원하는 자는 자신이 질문의 대상이 될 것을 각오한다. 왜냐하면 그들이 최대로 질문을 받을 때에만 자신이 올바른 방향으로 나아가고 있는지의 여부가 뚜렷해지기 때문이다. 이러한 의사소통의 충돌이야말로 대학에 있어서 지적 활동의 본분을 위해 근본적인 영향력을 갖는다.

대학의 이념에 젖어든다는 것은 생활방식의 일부이다. 그것은 무한히 탐구하고 추구하고자 하는 의지이며, 이성으로 하여금 아무런 억제 없이 발전하도록 허용하는 의지이고, 또 탁 트인 마음을 지니고 모든 것에 대해 의문을 품어 보는 의지이며, 아무 조건 없이 진리(眞理)를 고집하는 의지이다. 그러나 'sapere aude(아

는 데 용감하다)'가 지닌 위험을 인식하고 있지 않으면
안 된다.

어떤 사람은 대학의 이념을 다음과 같이 말했을는지
모른다. 즉, 대학에 있어서 위에서 언급한 세계관(世界
觀)만이 허용되고 따라서 이견(異見)을 갖고 있는 사람
들은 그들의 믿음을 검사받아야 된다는 결론을 내릴지
도 모른다. 그러나 이것은 대학의 이념에 위배되는 것
이다.

대학은 그 구성원이 될 사람들의 세계관을 취조하지
않는다. 그보다 대학은 그들의 전문적 달성과 지적 위
치를 조사한다. 대학은 자신의 견해를 다른 사람에게
강요하는 종파(宗派)·교회, 또 광신적인 모임과는 구
별된다.

대학이 이렇게 스스로를 구별하는 것은 오로지 자유
속에서만 번영하기를 원하며, 생소한 이념으로부터 스
스로를 피하거나 혹은 근본적인 것이 관련되어 있는 지
적 투쟁으로부터 물러서기보다는 차라리 멸망하기를 원
하기 때문이다.

대학이 그 구성원들에게 요구해야 하는 것은 전문적
이고 지적인 지속과 그들의 연장을 터득함과 성실성이
다. 대학은 소위 'sacrificio del intelletto(지성의 희
생)'을 행한 사람들조차도 받아들이며 심지어 그들이 용
납하지 못할 사람들까지도 받아들인다. 대학은 이 모든

것을 행할 수 있다는 자신을 갖고 있다. 대학은 정적 (靜的)이 아니라 동적(動的)으로 살고자 한다. 의사를 소통하고자 하는 의지에서 대학은 의사소통을 거부하는 사람들과도 제휴(提携)하고자 한다.

그 학문이 궁극적으로 이질적인 이익을 위해 공헌한 다 할지라도 학문적인 방법으로 지적 성취와 업적을 입 증하는 그러한 지적 입장에 놓여 있는 사람들을 받아들 이기를 거부한다면 그것은 대학의 이념에 위배되는 일 이다.

모든 세계관이 대학에 있어 철학(哲學)·역사·사회학, 또 정치학 등에 나타나야 한다는 요구 역시 대학의 이 념에 적합하지 않다. 만일 어떤 주어진 세계관이 일류 급(一流級) 학자를 배출해 내지 못한다면 이 세계관은 학문적 위치를 획득할 자격이 없다. 각 개인은 확실히 자신과 생각을 같이 하는 사람들과 함께 생활하기를 좋 아한다. 그러나 그가 대학의 이념을 인정하고 또 장래 의 교수단을 선출하는 발언권을 갖고 있는 한 그는 최 대로 다양한 관점을 대학으로 끌어들이고자 노력할 것 이다.

그가 그렇게 하는 것은 결실 있는 투쟁의 기회를 만 들기 위함이요, 또 모든 위험을 무릅쓰고 지적 영역을 넓히기 위한 것이며, 무엇보다도 오로지 학문적 성취와 지적 소질만이 결정적 요인이 되도록 하기 위함이다.

대학은 대학의 목표에 반대하는 사람들이 들어오는 것도 묵인할 뿐 아니라 요구한다. 이런 사람들이 대학 내에서 자신의 특정한 믿음과 권위를 말하고 논의하는 것으로 만족하는 한, 또 그들이 스스로의 믿음이 자신들의 연구에 어떤 자극이 되도록 하는 한, 그들은 대학에 유용한 것이다.

그러나 만일 그들이 자신의 믿음으로 대학을 지배하고자 하며, 또 대학의 지원자를 선정하는 데 있어서 자신과 같은 믿음을 가진 사람들에 대해 편파적이고, 또 그들이 지적 자유를 예언적인 선전으로 대신한다면, 그들은 대학의 이념을 사수하려는 대학의 나머지 사람들과 격렬한 투쟁을 벌이게 된다.

6. 제도로서의 대학

대학은 공동 조직의 테두리 안에서 그 업무, 즉 연구·가르침·훈련·의사전달을 수행한다. 대학은 건물·자료·서적·연구소, 그리고 이들의 질서 있는 관리 행정(管理行政)을 필요로 한다.

대학의 구성원들에게는 특권과 의무가 분배되어야 한다. 대학은 스스로의 규약을 가짐으로써 독립된 법인조직의 통일체임을 나타낸다.

대학은 제도화(制度化)되어야만 존재한다. 이념은 조직 안에서 구체화되며 그 정도에 따라 대학의 질이 결정된다. 이상을 빼앗긴 대학은 모든 가치(價値)를 상실하는 것이다. 그러나 조직은 필연적으로 타협을 암시한다. 이념은 결코 완전히 실현될 수 없다. 이 때문에 이념과 제도적이고 단체적인 현실에서 오는 결점 사이에 영원한 긴장 상태가 존재한다.

대학의 이념과 제도의 실패

대학에 있어서 아무리 좋은 조직일지라도 그것은 타

락하고 왜곡되기 쉽다. 이렇게 생각을 가르칠 수 있는 형태로 변형시키는 것은 생각의 지적 생명력을 무력하게 만들기 쉽다. 일단 지적 성취가 기정사실로 되어 학문으로 받아들여지면 그 성취는 궁극적인 것인 양 뽐내게 되기 쉽다. 따라서 한 주제(主題)가 어디서 끝을 맺고 또 다른 주제가 어느 지점에서 비롯되는가는 단지 관습의 문제이다. 더구나 훌륭한 학자가 기존 분과(分科) 내에서 설자리를 찾지 못하는 경우도 있다. 단순히 그가 하는 일이 전통적 체계에 맞는다는 이유로 범용한 학자가 훌륭한 학자보다 더욱 환영을 받을 수도 있다.

어떤 조직이라도 스스로를 궁극적인 목적 자체로 생각하기 쉽다. 비록 연구의 진전과 전달에 조직적 구조가 필수적인 것이기는 하지만 오로지 끊임없는 재검토만이 그 구조의 목적인 이상을 위한 고유한 기능을 보증할 수 있는 것이다. 왜냐하면 행정기구(行政機構)는 널리 알려진 바와 같이 스스로를 영속화시키는 데 몰두하기 때문이다.

표면상으로는 스스로의 구성원을 선정할 수 있는 자유를 부여받은 대학은 최상급의 사람을 뽑는 것을 찬성하는 것 같다. 그러나 실제로 이러한 제도는 제2급의 사람들을 지지하려는 경향이 있다. 대학뿐 아니라 모든 공동 조직체는 탁월한 사람, 범용한 사람 모두에 대항하여 무의식적으로 자체 내의 결속을 고집하려 하며, 그것은 경쟁의 두려움이나 질투심과 같은 반지적(反知的) 동기에서 생기는 것이다.

대학이 위신이나 영향력을 염려하여 열등한 사람들을 받아들이지 않듯이 경쟁의 두려움으로 본능적으로 탁월한 사람들을 받아들이지 않는다. 선택되는 것은 '소임을 할 수 있는' 사람, 즉 제2류급의 사람들이며 그들을 선정하는 사람들과 동등한 지적 수준에 있는 사람들이다. 이 점이야말로 해당 학파가 공석의 교수직의 임명권을 독점하지 못하고 제3자들에 의해 규제받아야 하는 또 하나의 이유인 것이다.

그림(J. Grimm)이 말했듯이, "국가는 대학의 임명의 관할을 자기 손아귀로부터 빠져나가게 허용해서는 안 된다. 각 교수단에게 자체 구성원을 임명하도록 허용하는 것은 대부분의 일반적 경험에 모순되는 일이다. 경쟁에 대한 공포심은 가장 정직한 동기를 가진 사람들에게도 어떤 영향을 미친다."

단체 조직이 젊은 세대에서 새로운 사람들을 뽑을 때는 중대한 결정을 내리는 것이다. 지적 공헌을 한 사람들 누구나가 대학에 접근할 수 있는 것은 결코 아니다. 접근의 기회는 주임교수—독일에 있어서 ordinarius—에 의해 주어지며 그 교수는 교수단에 앞서 임명 사령을 후원해야 한다. 교수들은 접근의 기회를 완전히 자기 제자에게 국한시키지는 않는다 해도 임명 문제에 있어서는 그들에게 우선권을 주기 쉽다.

이 학생들은 일정한 교수 아래서 공부를 어느 기간 동안 했다는 것 때문에 그들이 대학에 임명될 권리를 얻은 것처럼 느낀다. 그 권리는 부당하게 주장되는 것이지만 개인적인 정(情) 때문에 그것을 인정한다. 교수들이 제자들에게 학교의 일자리를 잘 구해 줌으로써 명망 높은 인기를 얻게 된다.

막스 베버는 이러한 불건전한 관습을 억제하기 위해 힘썼으며, 한 주임교수 밑에서 박사학위를 받은 사람은 누구나 타대학의 다른 주임교수 밑에서 일자리를 구하도록 하는 원칙을 제시하였다. 그러나 그가 이 공정한 원칙을 자신의 학생들에게 적용시키려 했을 때 타대학에 일자리를 신청한 제자가 노골적인 불신(不信)과 마주치게 되었고, 또한 사람들이 베버가 자기 학생이 능력이 없으므로 받아들이지 않는다고 믿으려 하는 것을 알았다.

교수가 새로운 임명에 있어 자신의 학생들의 실제 능력과 실적을 과장함으로써 편애한다면 또한 무거운 죄를 짓는다. 학구적인 업적의 질과 양이 새로이 임명되는 사람의 선정을 좌우하는 원칙에 타협이 있어서는 안 된다. 그렇지 않다면 대학은 틀림없이 멸망할 것이다. 빈약한 임명 정책으로 인해 독자적인 사고보다 단순한 학문에의 열성을 택하고, 독자적인 성취에 의해 학문적으로 인정을 얻으려는 모험 대신에 자동적 승진이 되는 행정 사무를 택할 때 쇠퇴하게 된다.

실제로 많은 교수들이 일상적인 것을 뒤엎거나 심각한 경쟁을 불러일으킬 우려가 없는 이러한 학문적 열성을 지지하고 있지만 모든 교수들은 최소한 자기와 같은 수준으로 숙달될 수 있다고 생각하는 학생들만을 교수단의 일원으로 허용하는 것을 근본 방침으로 해야 한다. 교수는 자기보다 훨씬 능가할 수 있는 학생들에게 주의를 기울여야 하며, 그런 학생들이 자신의 제자가 아니라고 할지라도 그들을 진보시키도록 해야 한다.

권력을 원하고 스스로의 명성과 연고 관계, 또 친구를 이용하여 사람들을 다소 사정없이 승진시키는 학자들에 있어서 조직은 쉽사리 그들의 도구가 될 수 있다. 헤겔의 시대 이래 한 사상학파(思想學派)의 우두머리들이 휘두르는 권위는 끊임없이 불평의 대상이 되어 왔다.

대학에 있어 너무나 이상적으로 주어진 자유로운 의사소통은 충돌하는 개인들 사이의 말다툼으로 타락한다. 심지어 19세기 같은 문화적으로 가장 진보했던 시기에도 그런 악습이 번창했던 것이다. 괴테는 대학에 있어서 자주적인 연구와 비교하여 이러한 병폐를 인정하고, "다른 모든 곳에서처럼 여기에서도 학문은 조용히 그러나 눈부시게 진보한다. 반면 직업적으로 학문에 관계하는 사람들은 실제로는 학문에는 전혀 흥미가 없고 단지 돈과 개인적인 권력에 흥미를 갖고 있을 뿐이다."라고 말했다.

또한 그는, "그들은 분명히 아무것도 아닌 일에 서로를 증오하고 박해한다. 이것은 만일 그들이 공존하려고만 한다면 매우 편안하게 살 수 있음에도 불구하고 아무도 타인을 용납하지 않으려 하기 때문이다."라고 말했다. 순전히 반대의 비평이나 이로 인해 생겨나는 음모를 결코 인정하지 않고 그러한 비평이 아예 존재하지 않는 것처럼 취급하며, 또는 적어도 충돌을 무디게 하여 보람 있는 공동 연구로 대학 전체의 이익이 되는 방향으로 계속 번창하게 한다는 것은 현명한 대학교수의 금언 중의 하나이다.

이상적으로 대학의 각 구성원은 연구와 가르침에 헌신하고 있으며 그들이 갖는 자유는 억제를 받지 않는 의사소통을 증진시켜 모든 사람으로 하여금 근본적(根本的)인 의심의 대상으로 노출시킨다. 그러나 역설적으로 그 자유는 또한 전문가를 자신의 분야에 폐쇄시키고 또 그에게 아무도 손을 미칠 수 없게 하거나 그를 의사소통에서 피해·고립시키려는 경향을 증대시킨다. 누구나 다른 모든 사람들에게 자유를 떠맡김으로써 자신의 자유에 대한 권리를 얻고 또 타인의 간섭으로부터 안전을 도모하고자 한다.

교수단들의 행동은 베나레스의 성스런 숲속에서 종려나무에 앉아 있는 원숭이들의 행동과 비교되곤 한다. 각 종려나무에는 한 마리의 원숭이가 앉아 있으며 모두들 매우 평화스럽게 자신의 일에만 마음을 쓰고 있는 것처럼 보인다. 그러나 다른 원숭이가 종려나무에 올라가려 하면 그 순간 그는 우박 같은 야자열매의 세례를 받는다.

이와 흡사하게 대학 서클에 있어서 상호간의 관심은 누구나 자신의 모든 기호와 변덕을 만족시키는 형태로 되기 쉬워서 결국 대학은 더 이상 공통의 관심사에 집중할 수 없게 된다. 공통의 관심사는 형식적인 경우를 위해 솜씨 있게 보류된다. 따라서 대학의 임명 문제에 있어 스스로의 자유를 얻기 위하여 누구나 다른 모든 사람이 앞세우는 후보자를 찬성하는 경우도 있다. 서로 근본적인 비평(批評)은 회피한다. 명료성과 본질을 가려낼 지성의 싸움터가 되어야 할 의사소통은 오로지 예의에 대한 고려로 좌우되는 외면적(外面的) 관계가 되어 버린다.

확실히 여기서는 얼마간의 현명함이 있다. 즉, 각 학자의 지적 생산력에는 그 시대에는 괴벽(乖僻)이나 방종으로 보이는 것까지도 허용할 정도로 자유가 보장되어야 하는 것이다. 비록 학자의 업적에는 토의와 비평이 뒤따르게 마련이지만 교수든 강사, 또는 심지어 학생이든 간에 개인의 연구와 가르침을 규제하기 위한 '공식적'인 비평의 행사는 참을 수 없는 것이다.

개인의 영역을 초월하여 한 과(科)나 대학 전체의 이익이 관련된 모든 문제에 있어서 상호간의 토의는 하나의 의무이다. 특히 새로운 임명 사령의 경우에 더욱 그러하다. 개인적인 범위 내에서는 대학의 이념과 일치하는 참된 의사소통을 위한 자발적이고 비공식적인 토의만큼 좋은 것이 없다. 이런 토의는 인간을 차별하지 않는 참된 지성이 존재함을 나타낸다. 학원의 자유가 이러한 진실한 의사소통의 궁극적인 자유를 말살시키려는 것은 비극적인 모순이 아닐 수 없다.

제도의 필요성

위에서 말한 조직적인 구성의 결함과 그 이외의 결함이 있음에도 불구하고 여전히 어떤 형태로 조직화되어야 할 필요성은 제거되지 않는다. 조직이 없다면 개개 학자의 삶과 연구는 쓸모 없는 것이 되어 버릴 위험에 처한다. 삶과 연구는 조직에 따라 보호되는 전통의 일부가 되어 후세(後世) 사람들이 그로부터 도움을 받도록 해야 한다. 특히 학문적인 성취는 개인으로서는 마음대로 가질 수 없는 물질적 수단에 의존한다. 그러한 성취는 영구 조직에만 가능한 성질의 협동에 의존한다.

우리가 대학을 하나의 조직으로서 소중히 여기고 대학이 그 이상을 구체화시킬 수 있는 경우에만 대학을 사랑하는 것은 이 때문이다. 조직의 모든 결함에도 불구하고 그것은 대학의 이상이 담겨 있는 곳이다. 조직은 학자들의 공동 집단(共同集團)이 존재할 수 있다는 것을 우리에게 보장해 준다. 단지 명예를 위해서라도 그러한 조직에 속해 있다는 특수한 만족감이 있다. 그 조직에 받아들여지지 못하거나 제명당하는 것은 불쾌한 일이다.

학생과 교수는, 대학은 단순히 우연한 사회조직(社會組織), 단순한 하나의 학교, 또는 필요한 학위를 얻는 일관 작업장으로 생각해서는 안 된다. 그들은 그리스와 독일에서 비롯된 대학의 이념, 즉 서구의 초국가적(超國家的)인 이념을 소화하지 않으면 안 된다. 이 이념은 만질 수 있거나, 보거나, 혹은 들을 수 있는 것이 아니다. 그것은 조직의 잿더미 속에서도 어렴풋한 빛을 발하며 개인이나 집단 가운데에서도 때로 확 타오르기도 한다.

대학의 이념에 좇아 살기 위해 늘 대학에 소속되어 있을 필요는 없다. 그러나 이념은 조직으로 끌리며, 조직이 없으면 이념은 불완전하고 또 쓸모 없으며 고립된 것처럼 느껴진다. 이러한 이념에 좇아 산다는 일은 더욱더 큰 전체의 일부가 됨을 의미한다.

그러나 대학은 지적 생활을 위한 유일하고도 고유한 장소라는 오만한 억측을 해서는 안 된다. 자신의 삶을 영위하는 장소로서 대학을 사랑하는 사람들은 대학의 특수한 성격과 한계를 잊어서는 안 된다. 많은 경우에 있어 대학의 외부에서 독창적인 것이 생겨나, 처음에는 대학에 의해 거부당하고 그런 다음에 받아들여지며, 이런 것을 거듭한 후 대학 자체의 것으로 흡수하게 된다.

르네상스의 인문주의(人文主義)는 학구적인 대학의 외부에서 자라났고 대학의 반대를 받았다. 대학이 인문주의적으로 변하고 또 문헌학적인 방향으로 나아가게 되었을 때에도 17세기의 철학과 자연과학의 부활은 역시 데카르트, 스피노자, 라이프니츠, 파스칼, 그리고 케플러와 같은 사람들에 의해 대학의 외부에서 비롯되었다. 크리스찬 볼프(Christian Wolff)와 그의 제자들의 철학이 대학에 침투했을 때에도 신인문주의(新人文主義)가 일어났으며, 그 주요 대표자들은 또다시 대학 외부의 인물들인 빙켈만(Winkelman), 레싱, 또 괴테였던 것이다.

그러나 볼프(F. A. Wolf)와 같은 위대한 문헌학자 덕택으로 이 인문주의는 즉시 대학을 정복하였다. 소규모의 움직임들도 역시 대학의 외부에서 자주 일어나 대학으로부터 한동안 무시되기도 한다. 오래전에 승인된 분야인 마르크스주의의 사회학(社會學)·최면술, 대학에서

바야흐로 주목을 받기 시작한 필적학(筆跡學), 그리고 키에르케고르와 니체에 의해 발달된 내관(內觀) 심리학 등이 그 예이다.

그림(Grimm)이 말했듯이, "우리의 대학들은 광범위하고 끊임없이 성장하는 학문이 현존하는 곳이다. 그러나 대학은 근본적으로 어떤 새로운 업적이 그 타당성을 다른 곳에서 증명할 때까지는 무시하는 경향이 있다. 대학은 마치 야생의 초목을 마지 못해 용납하는 정원과도 같다."4)

그러나 일단 새로운 지적 방향이 명백해지면 대학은 조만간 그 방향을 자기 것으로 만들어 새로운 발견과 적용함으로써 더욱 발전시키고자 도모하며 가르침의 한 자료(資料)로서 보전한다. 그러나 대학은 독자적인 연구가 행해지는 문제만을 가르친다. 이것이야말로 정확히 대학에서 되풀이되어 행해지는 것이다. 그러나 몇몇 주목할 만한 실례에 있어서 대학이 새로운 사고의 방향을 개척한 적도 있다.

이 가운데 최초의 것은 칸트의 철학과 그것을 본따서 잇달아 일어난 독일의 이상주의(理想主義) 철학인 것이다. 더 나아가 19세기를 통해 역사와 자연과학에 있어서의 새로운 발견은 거의 모두가 대학에서 시작되었다.

---

4. 《Kleine Schriften》(Berlin, F. Dümmler, 1864), I. 242

대학의 인물과 제도

대학의 조직적 구조로 인해 제기되는 궁극적인 문제는 그 구조 내에서 인간이 설 자리이다. 대학의 생명력은 조직이 아니라 사람에 있으며 조직은 물질적인 필요 조건에 불과하다.

대학은 최상급의 사람들을 끌어들이고 또 그들에게 연구와 의사소통, 가르침을 위해 가장 유리한 조건을 제공해 줄 수 있는 능력에 의해 평가된다.

학자의 살아 있는 인격(人格)과 조직 사이에서 팽팽한 긴장 상태는 피할 수 없는 것이다. 대학의 이념이 생생하게 살아 있는 곳에서 그 이념이 궁극적으로 독창적인 변화로 나타나게 된다. 보수주의 시대는 급격한 변화의 시대와 교차한다.

이념이 실현되기 위해 수정을 거쳐야 된다. 조직과 법률, 그리고 관습은 주제넘게 참견하게 되며 일단 그 이념이 사라지면 무의미한 형식만이 남는다. 조직의 명령에 의해서 중요한 일들을 강제로 만들 수는 없다. 오로지 유기적으로만 성장할 수 있는 것을 인위적으로 조직하여 번식시키고자 하는 것은 항상 위험한 일이다. 몇 년, 또는 몇십 년 동안 끊이지 않고 진리를 위해 헌신하는 사람들만이 진정 중요한 공헌을 한다.

경영자들은 사람들이나 조직들을 상대적으로 얼마나

중요시하는가에 따라 평가된다. 조직의 생명을 위해서는 사람들이 필요하다. 옛 조직들이 계속 존재하여 기능을 발휘한다는 것만으로도 그 조직에 깊은 지혜가 존재한다는 사실이 반영될 수 있다. 그러나 이 지혜조차도 대부분 현 멤버들의 질에 따라 좌우된다. 이와 같이 조직과 각 인물은 서로 의존하고 있으며 그들의 양극성(兩極性)은 항상 긴장 상태를 유지한다.

조직은 보다 안전하고 정확한 사무처리를 위한 기구이며 그것이 변경되지 않는 한 명백한 타당성을 갖는 형식을 제정한다. 이러한 형식과 규율을 지키는 것은 지적 업무의 한 조건이며 기초와 질서를 만들어 준다.

형식적인 규칙은 이러한 기초 내에서 이루어져야 한다. 그 규칙은 순조로이 추종될 수 있는 지각 있는 것으로서 드디어는 제2의 천성이 되도록 해야 한다. 우리가 규칙을 따를 때에 실제로 우리의 자유를 앙양시키는 것이다.

모든 조직 내에서는 뚜렷한 개인 능력의 차이 외에도 계급과 권위의 차이가 있다. 통솔 없는 합리적인 체제란 생각할 수도 없다. 처음에는 학생들이 비공식적으로 교수의 주위에 모여드는 것이었다. 오늘날에는 연구지도 교수는 연구소와 보조원을 제도상의 방식으로 지휘 감독한다. 이와 같은 경우는 그 책임자가 뛰어난 지성인(知性人)이어야 지탱해 나갈 수 있고 또한 바람직하다.

영구 조직에 있어서는 그것은 운수에 따라 좌우된다. 무능한 사람들이 지혜의 결핍과 자신들에 대한 불만을 정력으로써 보충하려는 것은 참을 수 없는 것이다. 이러한 일에는 지도자로서의 재능을 지닌 생산적인 사람들만이 적합하다. 그들은 자기의 한계를 의식하고 밑에 있는 사람들에게 가능한 한 모든 자유를 주어 그들이 자신보다 더욱 진보하기를 바랄 것이다.

조직으로써만은 항상 흡족치 못하며 제도상의 절차를 복잡하게 개선함으로써 부패하게 된다. 또한 단순하고 간결한 것은 가장 성취하기 어려운 것이며, 미숙함은 오히려 지나친 단순화를 초래한다.

가르치는 기관과 연구를 분리시키거나, 응용과학과 순수과학을, 전문적인 훈련과 일반 교양교육을, 최상급의 학생과 다량의 학생들을 교육시키는 것을 분리시키는 등의 '단순한' 해결책은 복잡한 관련성을 해소시키는 것이 아니라 오히려 파괴시킨다. 연구와 교수(教授)는 서로 단순하게 분리되지 않고 공존할 때에만 진정한 지적 생활이 존재하게 된다. 이는 또한 완성된 사람들만이 실현할 수 있는 이상이다.

사람과 조직의 양극성(兩極性)은 서로 상반되게 잘못된 점이 있다. 우선 인간의 예찬, 즉 독창성과 심지어는 괴벽에 중점을 두는 경우가 있다. 그 반면에 억압적이며 또 공허한 조직에 중점을 둘 수도 있다. 전자는 전통을 위한 전통 때문에, 후자는 혁신을 위한 혁신 때문에 결국 비합리적인 결과를 낳게 된다. 대학의 자세를 공식화(公式化)하기는 힘들며 대학은 양극단을 피해 나아가고자 한다.

대학은 개인의 괴벽을 너그럽게 받아 주고 새로운 사람을 잘 받아들이며 가장 극단적인 것이 서로 만날 수 있는 장소를 제공해 준다. 개인의 노력에 의해서만 이념은 실현되기 때문에 인간을 예찬하지 않더라도 개개인은 중요하다. 대학에는 계급의식과 공적에 대한 의식이 있으며 또한 연장자(年長者)에 대한 존경심이 있다. 개개의 학자들은 모두 동료들 사이에서 환영받으려 하며 또한 강제를 받지 않고 그들에게 선출되기를 바란다.

7. 지식의 체계

모든 학문의 기원은 실제 경험, 즉 치료술·측량술, 건축가와 화가의 작업장, 항해술 등으로부터 비롯되었다. 학문의 통일이란 철학적 구상이다. 실제에 있어 통일의 철학적 이상은 지식의 단일 유기 조직체의 탐구로 변하였다. 모든 분야의 지식이 공동의 목표를 향해 협력하게 된 것은 이러한 시초에서 비롯한다.

태고적부터 시작된 실용적인 가르침은 전체의 지식이나 또는 지식의 순수성에 관한 것이 아니고 단지 특정한 직업에 필요한 특정한 기술에만 관련된다. 이와는 대조적으로 대학의 이념에 따른 학문적 가르침은 우리를 통일의 관념에 비추어 전지식(全知識)의 근원으로 이끌어 준다.

또한 그런 가르침은 학문의 단일한 전체와 연결해 주는 뿌리를 드러나게 해주며 따라서 그 가르침의 더욱 심오한 의미와 완전한 영역이 명백해진다.

대학은 언제나 실제 작업의 요구를 충족시켜야 하는데 이런 점에서는 고대의 양성소와 흡사하다. 그러나 이러한 요구를 지식의 전체 내에 한정시킨 상태로 충족시킬 때 대학은 전혀 새로운 것을 추가하게 된다. 어떤 면으로 보면 대학은 서로 다른 직업 양성소의 집단이나 또는 모든 기호에 맞는 풍부한 상품을 갖춘 지식의 백화점과 흡사하다. 그러나 또 다른 관점에서 볼 때, 이것이 사실이라면 대학은 붕괴할 것이므로 이는 단순히 외관(外觀)에 불과하다는 것이 명백해진다.

대학의 존재는 전지식의 단일성과 전체성을 상징하며 그 지식만이 우리가 넓은 의미로 알 수 있게 해준다.

그러나 지식의 전체성(全體性)은 전지식을 분류해야 하는 과제를 안겨 준다. 각 과(科)의 분류는 이러한 분류와 일치하는 것처럼 보이나 사실은 그렇지 않다. 사실에 있어서 결코 일치할 수는 없으나 서로 연관성을 가져야 된다.

어떤 큰 대학의 것이든, 학과 요람은 어떤 종류의 학과가 존재하는가에 대한 첫단계적 지침으로서 충분한 것이다. 우리는 대학이 학부로 나누어지고 학부가 과목에 따라 차례로 수없이 다양하게 과로 나누어짐을 알 수 있다. 학과 요람은 대체로 기본 계획의 산물이 아니라 역사 증대의 느린 과정의 산물임이 명백하다.

지식의 분류

지식을 하나의 체계로 보는 관념은 실제 적용에서 생

겨나는 것이 아니라 철학으로부터 생겨나는 것이므로, 대학 전체에 철학적 인식이 얼마나 만연하고 있는가에 그 생명력이 달려 있다.

처음부터 지식을 하나의 통일체(統一體)로 보는 관념은 지식의 여러 분야를 분류하는 여러 가지 방법을 발생시켰다. 수많은 분류법이 있으나 그 중의 어느 것도 절대적인 진리와 타당성을 주장할 수는 없다. 어떤 결정적 분류도 누군가가 사물의 전체적이고 절대적 진리를 발견했다고 자만스럽게 확신한다는 것을 반영하여 왔다.

여기에서 결정적으로 공식화된 '절대적' 진리가 서로 뒤를 이어 계승되어 옴에 따라 모든 분류법의 필수적인 상대성은 점차로 명백해졌다. 우리의 이해 능력은 어느 것에나 얽매이지 않는다. 지식의 교육적 힘은 이제 고정된 세계관·존재론과 일치하지 않으며 대신 우리는 새로운 사물을 배우는 우리의 무한한 능력을 인식하게 되었다.

하나의 결정적이고 정확한 학문의 분류를 했다고 가정하는 것은 고정된 절대적인 특질로서 지식의 한 분야가 한정되고 국한될 수 있다고 가정하는 것이다. 반대로 하나의 주어진 분야를 전체의 지식과 연결시키고자 하는 것은 그 분야가 지식 전체의 소우주적(小宇宙的)인 복사판으로 보일 때까지 계속 깊이 탐구해 나가는 것을 의미한다. 왜냐하면 모든 의미 있는 사실들은 배경에 의해 빛을 발하거나 또는 반대로 그 배경을 비추어 준다는 점에서 어느 점에서든 반드시 전체의 지식과 연결되어 있기 때문이다.

지식은 보통 상반되는 한 쌍에 따라 분류되며 따라서 다음과 같은 것들이 있다.

⑴ 이론적 학문과 실용적 학문

이론적 학문은 그 자체가 궁극적(窮極的)인 목적이 되는 과목들에 관한 것이고, 실용적 학문은 실용적 목적을 달성하기 위한 수단이 되는 과목들에 관한 것이다.

⑵ 경험적 학문과 순수이론적 학문

경험적 학문은 공간과 시간 속의 객관적인 대상을 다루고 순수 학문은 일단 독립적으로 추론될 수 있으면 이해되어지는 개념을 다룬다. 학문 가운데 수학은 오로지 관념적 대상만을 다룬다는 점에서 독특하다.

⑶ 자연과학과 인문과학

경험적 학문의 대상은 두 가지 방법으로 파악될 수 있다. 그 대상은 물질과 같이 외부로부터 파악될 수도 있고 인간의 마음과 같이 내부로부터 이해될 수도 있다. 자연과학은 인과율(因果律)이나 수학적 구성 개념으로써 외부로부터의 사물을 설명하고, 인문과학은 목적과 의미를 탐지함으로써 내부로부터 이해한다.

⑷ 일반 법칙에 관한 학문과 역사에 근거(根據)를 둔 학문

전자는 일반적인 것을 추구하고 후자는 특수하고 역사적으로 독특한 것을 추구한다.

⑸ 기본 학문과 보조 학문

기본 학문은 지식 전체와 관련하여 배우고자 하며 따라서 전체를 나타내게 되므로 일반적인 성격을 띠게 된다. 보조 학문은 특수한 실제의 목적을 위해 자료나 지식을 모은다.

위에 열거한 각각의 항목에서 학문적 이해의 서로 상반되는 원칙은 서로를 보완해 준다. 그것들은 각각 오랫동안 고립되어 있을 수 없으며 그 까닭은 고립 상태에서는 각각 쓸모 없는 것이 되기 때문이다. 실제에 있어서 각 상반되는 원칙들은 도저히 정연하고 영구하게 반대로 나누어질 수 없으므로 여기에서는 동시에 나타나게 마련이다.

체계화된 학문들은 스스로 구사할 수 있는 모든 방법으로 접근하고자 하는 데에서 통합된다. 학문은 돌을 연못에 던질 때 생기는 동그라미가 점점 퍼져 가고 교차하는 것만큼이나 고정된 분류안(分類案)에 일치하지 않는다. 그러나 한편으로 생각해 보면 이렇게 퍼져 나가는 동그라미들은 연루된 자갈의 종류와 위치에 따라 분류될 수도 있을 것이다.

이와 같이 학문은 본질적 우선권(優先權)에 따라 분

류되며 각 수준은 바로 그 아래 수준에 의존하는데, 예를 들어 물리학·화학·심리학·사회학의 서열이 그것이다. 이러한 순서는 일반 개념을 탐구하는 학문의 한 계열(系列)이 된다. 또한 우주사(宇宙史)·세계사·생활사·유럽사의 순서는 독특하고 개별적인 것에 관한 학문의 한 계열이다. 분류방법이 무엇이든지 그 방법은 항상 대치되는 한 쌍에 의거한 것이며 그런 한도 내에서는 포괄적인 것이 못 된다.

좀더 조사해 보면 그러한 방법으로는 하나의 학문밖에는 개발할 수 없으며 그것조차도 불완전하다는 것을 알 수 있다. 다시 말하자면, 진정한 분류는 이루어질 수 없는 것이며 하나의 방법은 실제 연구의 한 특수한 분야에 대한 실용적인 관련성을 지닐 뿐이다.

주어진 방안에 알맞는 특정한 학문이 그 안(案)의 조화를 이룬다. 거의 모든 학문이 한때 자기만이 참되고 포괄적이고 또 절대적인 학문이라고 주장을 해왔다. 왜냐하면 모든 진정한 학문은 하나의 단일한 전체를 이루기 때문이다. 한 학문의 전체성이 동등하게 자율적인 다른 학문의 전체성을 흐리게 할 수 있을 때 과오가 생기게 된다. 하나의 특정 학문만을 일방적으로 강조하는 것은 전체 학문을 멸망시킨다.

모든 지식을 통합하는 것은 한 이상이다. 모든 분류는 특수한 관점, 또 특수한 지적(知的)·역사적 입장에서 이

러한 이상을 현실로 바꾸어 나타내고자 하는 일시적 시
도이다. 따라서 그 정도로 모든 안은 거짓된 것이다.

학 부(學部)

   대학의 학과 조직은 어느 하나의 원칙에 의하여 지배
되지 않는다. 공업의 분업처럼 전체 상황을 고려하여
이러한 분류를 계획해 온 것도 아니다. 반대로 지적 활
동이 각각 분리되어 일어나 지식 전체를 향하여 개별적
으로 나아갔다. 학문들은 각각 그러한 독자적인 것으로
서 남게 되었다. 그러나 서로 캐비닛의 서랍처럼 분리
되어 놓여 있는 것이 아니라 서로 겹치고 또 반드시 뒤
섞이지 않은 채 서로 연결되어 있다.

   그 학문들은 지식이라는 무한하게 거대한 단일적 본
체(本體)에 대한 비전으로 이끌어져 서로 섞이지 않으
면서 소통한다. 대학의 본질은 구체화된, 그러나 획일
화되지 않은 활동이며 변화로 가득하다. 전체성이라는
이념에 의해 고취된 생활이고, 많은 학과의 협동인 동
시에 독립이다.

   오늘날 쓰이고 있는 분과제(分科制)는 중세부터 시작
된 것이다. 상위(上位)의 학부는 신학·법학·의학이었으
며 그의 네번째로 좀 하위학부로서 오늘날 철학부인 인
문과학부가 추가되었다.(연구의 의미가 변함에 따라 이

학부의 의미도 변하였다. 지난 1백50년 동안 학부의 수는 증가하기도 했고 또 옛날대로 감소하기도 했다. 지금은 예전 철학부가 두 가지 학부—수학과 자연과학부·인문과학부—로 나누어짐으로써 보통 다섯 개의 학부로 되어 있다)

이러한 학부들은 학문의 체계를 충실히 반영할 것을 주장한다. 또한 인간이 지닌 지식 전체를 나타낸다. 학부는 지적 업무에 있어 실제적으로 필요하기 때문에 생겨난 것이며 학문의 분류를 위한 이론적 계획에서 생겨난 것이 아니다. 수세기 동안 우리의 환경·지식·연구의 급진적 변화를 겪은 오늘날에도 이러한 학부가 계속하여 타당성을 지니고 있다는 사실은 그 원개념이 지닌 진리를 증명해 준다.

신학·법학·의학은 영원한 탐구의 분야, 즉 종교적 계시, 개인과 사회에 관한 성문법, 인간 본성의 이해 등을 망라한다. 이러한 학과의 공부는 실제 직업을 위한 성직자·법관·행정가와 의사를 훈련시키기 위한 것이며, 이들은 공통적인 기초로서 적어도 논리학과 철학을 필요로 한다.

신학·법학·의학은 이제는 학문적 목표로서가 아닌 각각 영혼의 영원한 구원, 사회 구성원으로서의 개인의 복지, 육체의 건강을 목표로 한다. 모순되게도 이러한 학문은 학문의 영역 밖에서 시작된다. 그러나 학문적이 아니지만 학문의 바탕·의미·목적을 부여해 주는 과정을 바탕으로 하여 나아간다. 신학은 세 가지 방법, 즉 성서(聖書)의 역사, 교회·교리를 통해 도달될 수 있고, 또 현시대의 믿음에 의하여 입증되는 계시에 관한 학문이다. 법학은 일정한 국가 권력에 의해 만들어져 효력을 얻게 되는 성문법(成文法)을 이론적으로 설명하고 규격화하고자 한다. 의학은 인류의 건강을 지속시키고 육성하며 회복시키기 위한 것이며, 인간의 본질에 대한 총괄적인 지식에 토대를 두고 있다.

이러한 학문은 각각 비학문적(非學問的) 전제에 근거를 두고 있으며 그 전제 없이는 학문적 의미를 잃기 때문에 그러한 전제 위에 빛을 비추고자 추구하지 않으면 안 되는 것이다. 이는 다음과 같은 전형적인 현상에서 찾아볼 수 있다.

신학은 초이성적인 영역에 접근하지만 이는 이성적 수단에 의해 이루어진다. 그런데 계시의 의미를 이성적으로 전개하는 대신 '황당무계한' 것에 열을 올릴 수도 있다. 그렇게 되면 자기 모순은 더욱 자기 주장의 진실성을 확증하게 되며, 이성의 노예가 됨으로써 믿음의 진실성을 확증하게 되고, 권위에 대해 독단적으로 복종하게 된다. 그러나 실제에 있어 그 권위는 심판과 표현의 형태로서 존재하며, 이 두 가지야말로 참된 삶의 방법인 것으로 여겨진다. 야만성·광신(狂信), 이단자에 대한 탄압, 사랑의 부재(不在) 등이 이러한 신학상의 광포를 이루게 한다.

반대로 믿음의 근거가 되는 계시를 잃어버릴 수도 있다. 그렇게 되면 믿음은 이성적인 교리와 동일시되며 단지 이성으로부터 끌어내어진다. 그러나 계시, 즉 믿음의 역사적 근거가 상실됨에 따라 믿음 그 자체도 상실되는 것이다. 믿음이 무한한 이성적 사고로 영락되면 결국 불신으로 변하게 된다.

법학(法學)은 확고한 법률적 질서라는 실체에 그 토대를 두고 있다. 성문법의 이러한 질서는 의미 있고 조리 있게 또 전후 일관되도록 만들어져야 한다. 자연법(自然法)은 고정된 기준은 아니지만 옳고 그름에 대한 개념의 지침이 되며 이러한 토대 없이는 법학은 온통 혼란 속으로 빠지게 된다. 그렇게 되면 성문법은 단순히 국가 권력(國家權力)이라는 배경 때문에 효력을 얻는 것이 되며 자가당착·부정이 타당성 있는 반론이 되지 못하게 된다. 또한 불법적인 것이 법적으로 인정을 받게 되며 사상도 법 앞에서 머리를 숙이게 된다.

또한 이와 반대로 자연법에만 관심을 두고 실제 성문법과는 아무런 관련이 없는 법학 역시 의미를 상실하게 된다.

의학은 인간으로서의 모든 사람들의 삶과 건강을 향상시키고자 하는 의지를 전제로 한다. 이러한 이상에는 조건의 여지가 없다. 무엇보다도 모든 개개인을 도와 병을 치료해 주려는 욕망은 제1차적인 것이다. 커다란 집단에 관심을 쏟는 것은 그렇게 함으로써 각 개인들에게 이익이 되고 또 어느 누구도 신체적으로 해를 입지 않는 경우에 한한다.

그러나 건강에 대한 의학적 관심은 신체적 건강이라는 개념 자체처럼 모호한 것이다. 의학의 과제는 여러 가지 서로 일치하지 않는 성향(性向)이 있다. 신체 건강에 대한 개인의 빼앗길 수 없는 권리가 포기될 때, 또는 신체 건강의 의미가 간편하지만 지나치게 단순한 상용 문구가 될 때 의학의 과제는 의미를 잃는다.

일단, 인류 전체보다 특정한 종족, 생리학적 유형을 중요시하게 될 때에는 그 특정한 그룹의 가정된 이익을 위해 개인의 삶과 건강에 해를 입히는 동기가 된다. 이리하여 나쁜 유전적 특성을 물려줄 확률이 크다고 생각되는 사람은 강제로 생식능력을 제거당했으며 안락사(安樂死)라는 명목으로 정신병자들이 살해되었던 것이다.

소위 세 가지의 상위학부에 있어 연구의 의미를 부가하기 위해서는 이성·자연법(정의), 또 삶과 건강이 필수적인 기준이 되어야 한다. 그러나 계시, 실정법(實定法), 그리고 인간의 본질에는 우리가 끊임없이 개발할 수 있어도 결코 완전히 터득할 수 없는 것이 있다. 이것은 연구에 내용과 생명을 불어넣어 주는 것이다.

철학부는 독특한 위치에 있다. 원래 철학부는 특수한 직업을 위한 것이 아니라 오로지 상위학부(신학·법학·의학)를 위한 준비 공부였다. 오늘날 철학부의 기능은 예비적인 것으로부터 근본적인 것으로 바뀌었으며 지식의 모든 다른 분야를 포괄한다. 나머지 세 학부는 철학부(인문과학부)에 속해 있는 기본 학과와 접촉함으로써 지적 바탕을 얻는다. 따라서 연구와 이론의 관점에서만 볼 때 철학부 하나가 대학 전체를 이룬다고 볼 수 있다. 철학부에 속해 있는 모든 것을 포함한 지식의 분류는 무엇이나 완전하다고 볼 수 있다.

19세기 동안 철학부는 독특함과 단일성을 상실하여 한편으로 수학과 자연과학부, 다른 한편으로는 인문학부로 나뉘었고, 인문학부로부터 사회과학부가 갈려 나갔다. 사람들은 여러 학부가 하나의 유기적(有機的)인 전체를 이룬다기보다 나란히 존재하는 것으로 생각하게끔 되었고 따라서 대학의 단일성이라는 관념은 사라졌다. 대학은 지성의 백화점 같은 집단으로 변하였다.

이러한 분열에는 몇 가지의 동기가 있다. 나머지 세 학부의 교수보다 더 많은 수의 교수를 포함한 구(舊)철학부의 크기, 자연과학과 인문 교양과목 간의 분열, 그로 인한 불화, 이해의 결핍과 경멸, 서로 다른 직업, 즉 교수, 화학·물리학·지질학·농학 등을 위해 훈련시켜야 할 필요성 등이 그 동기라고 할 수 있다.

학문의 체계를 인식하여 대학을 재통일하는 것은 단순히 중세기의 통일로 재복귀시키는 것을 뜻하는 것이 아니다. 현대의 지식과 연구의 전체 내용은 통합(統合)되지 않으면 안 된다. 즉, 대학의 범주를 확대시킴으로써 학문의 모든 분야를 참되게 재결합하는 데 착수해야 한다.

대학의 확장

오늘날 급변하는 사회의 요구를 충족시키기 위해 대학은 연구소와 교육기구를 고안하여 세우고 있다. 이에 따른 전문화된 기술의 훈련분야나 또는 직업 과목을 위한 전혀 새로운 교과과정에는 특수한 교수 방법이 필요하다. 어떠한 것도 대학의 끊임없는 확대를 저지할 수 없다. 인간의 모든 활동에는 지식이 뒤따름으로 이러한 진행과정은 의미가 있다. 대학은 지식에 대한 요구가 있을 때 언제나 새로운 분야로 나가 그것을 가르쳐야 할 책임이 있다.

이로 인해 아무런 상관 없는 분야들을 서로 무의미하게 집결시키는 결과를 낳는 경우도 많았다. 이러한 지식의 '백화점'에서는 천문학과 경영학, 또 철학과 호텔 경영학이 동등하게 취급되는 것이다.

이러한 새로 생긴 분야를 무시하는 것은 쓸데없는 속물근성에 지나지 않는다. 대학의 이념에 따르면 대학은 새로운 생각에 문호를 개방해야 한다. 모든 것은 알 가치가 있으며 지식의 형태를 수반하지 않는 기술이란 하나도 없다. 대학은 단지 이러한 탐구의 새로운 방향들을 통합함으로써만 그것의 가치를 올바르게 인정해 주게 된다. 대학은 새로운 자료와 기술을 변형시키고 소화하고 또 주된 이념에 비추어 통합시킴으로써·학문 정신을 보전시킬 의무가 있다.

새로운 학과가 증가함에 따라 교과과정을 확대하는 데는 두 가지 방법이 있다.

우선 학문은 자연히 성장해 나가는 과정에서 분화(分化)한다. 이러한 과정에 있어서 새로운 단계는 그때마다 생명의 번식과 대등한 하나의 완전(完全)한 것으로 남게 된다. 이렇게 하여 정신병학과 안과학은 일반적인 중요성을 가진 주제와 학자들을 개발하였기 때문에 의학 자체 내에서 독자적인 위치를 확보하게 되었다. 이와는 반대로 법의학(法醫學)은 독자적인 분야로서의 자격을 갖추지 못하고 단지 기술과 '방법에 대한 지식'을 수집하는 데 지나지 않는다.

마찬가지로 치과학과 이비인후과학은 일반적인 관련성 있는 기관(器官)을 대상으로 하지 않기 때문에 그 위치가 모호하다. 이러한 분야는 내과학·정신병학, 또는 안과학이 지닌 전체적인 중요성을 갖지 못하고 있다. 공중위생학 역시 모호한 위치에 놓여 있다. 이 분야의 뛰어난 사람들이 정당하게 교수직을 유지해 오고 있지만, 이 분야 자체가 실용상, 또 기술상의 한계를 갖고 있다.

즉, 공중위생학은 도전적 이념이 결여되어 있다. 공중위생 분야에서 일하는 사람들이 세균학에 공헌했다는 단순한 사실로써 기본 학문의 계열에 끼이기에는 충분하지 못하다. 여기에 생기는 질문에 상세한 답을 얻기 위해서는 관련된 분야에 대한 좀더 깊은 공부와 전문적 지식이 필요하다. 이 책에서는 단지 원칙만을 다룬다. 즉, 학문이 새로운 연구 분야로 나누어지는데, 이것은 그 새로운 분야가 일반적 개념을 다루는 통합된 전체로 전개되어 나가 기본 학문으로 남을 수 있을 때 바람직한 일이다.

둘째로, 학문은 외부로부터 새로운 자료와 기술을 얻을 때에 성장할 수 있다. 학문의 세계에 있어 새로운 자료와 기술의 공헌은 크기 때문에 항상 얻을 수 있어야 된다. 한 예를 들어, 인도학(印度學)과 중국학은 기본 학문이나 아프리카와 선사시대에 관한 연구는 그렇지 못한데, 이것은 관련된 문화의 내용 때문이다.

대학의 확대에 따라, 그때마다 항상 지식의 단일성을 고려하여야 하며 또 이 단일성을 매일 확인하는 과제를 잊어서는 안 된다. 이에는 두 가지 방법이 있다. 대학은 모든 변화를 통하여 기본 학문에 대한 인식과 보조 학문에 대조된 기본 학문, 단순히 사실적이고 기술적인 가르침에 대조되는 연구를 통한 가르침의 체계에 대한 인식(認識)을 항상 가지고 있어야 한다.

대학의 확대는 현 세계에 있어서의 대학의 생존에 관한 문제이다. 새로운 사고는 인정을 받아 대학의 일부가 되어야 한다. 그러나 대학이 새로운 세계를 감당할 수 있는지, 또 대학이 그것을 받아들이고 섬길 수 있는지, 새로운 지식과 능력이 의미를 지니기 위해 꼭 필요한 정신으로 충만될 수 있는지, 그 여부는 두고 보아야 할 일이다.

전통적으로 상위학부인 신학·법학·의학은 수천 년 동안 변함 없었던 인간 실존의 분야를 다룬다. 그럼에도 불구하고 현대의 실존 전체를 망라하지는 못한다. 이것은 우리가 공업기술연구소, 농업학교, 사범학교, 사무경영학교, 광업학교와 같이 대학 범위 밖에서 창설된 수많은 고등의 학교 기구들을 생각해 볼 때 명백해진다. 그러한 기구가 존재한다는 사실만으로도 대학생활이 여러 가지 중요한 면에 있어 실패했다는 증거가 되지 않는가? 또한 이러한 기구의 설립은 대학의 이념에 위배되지 않는가?

이러한 시설들이 대학의 업무를 겸하는 경향이 있으

며 대학으로서 확대하고자 하는 당연한 추세를 가지고 있다. 예를 들어 기술학교에서 철학을 포함한 모든 교양과목을 가르치는 것을 우리는 발견한다. 그러나 인문과학에 있어서 탁월한 학자들도 흔히 창조적 학문에만 따르는 생명력과 힘을 잃은, 알맹이 없는 교육학적 타성(惰性)밖에 제시하지 못했다. 이러한 학자들은 자주 마치 망명자와 같은 느낌을 갖게 된다. 점점 커지는 현대생활의 공허감과 이러한 전문학교의 성장과는 어떤 관련이 있을 수 있을까?

전문화의 피상성(皮相性), 일반적인 목표의 부재, 다양한 전문학교의 딜레마로부터 벗어나 새로운 통합으로 이끄는 길이 있을까? 어떠한 가능성도 대학 내에서 인간생활에 관한 광범위한 새로운 분야가 어느 정도까지 서로 결합될 수 있는가에 정해진다. 세 가지 전통적인 학문 분야인 의학·법학·신학만으로 중세 세계에는 충분했었으나 이제는 그렇지가 못하다.

그러나 또 단순히 학과의 수를 늘린다고 발전하는 것은 아니다. 우리는 새로운 분야가 어디에선가 대규모로 나타났을 때마다 새로운 학과를 하나 더 늘릴 수는 없는 것이다. 고도로 전문화된 학과조차도 인간생활의 진정으로 중요한 함수(函數)에 관련되어 있지 않으면 안 된다.

다음과 같은 것은 새로운 생각이 아니다. 1803년에

지방 자치단체는 하이델베르크 대학에 '정치경제학과'를 설치하고 그것을 잠정적으로 철학부에 통합시켰다. 이 학과는 임학(林學), 도시와 지방경제학, 광산학과 측량술, 토목공학·건축학·시금술·경찰 체제 등 '공공 행정에 대한 지식, 그 보호와 발전, 또 적절한 유지에 관계되는 모든 것'을 포함하였다. 이러한 인문학과 과학으로부터 결국 살아 남은 것은 소위 경제학이라고 알려지게 된 과목이다.

분명히 정치경제학과는 인간생활의 참되고 완비된 함수를 포함하는 데 실패하였다. 공공 행정에 대한 관련성은 여러 가지 서로 무관한 일을 위한 공리적인 잡동사니 그릇의 역할을 했지만 통합을 이루려는 이상(理想)을 제공하지는 못했던 것이다.

그러나 거기에는 훗날의 중요한 발전을 위한 기초가 있었으며 19세기 동안 아주 조금씩 공공심(公公心) 속에서 하나의 인자를 이루게 되었다. 이것이 공학이며 점점 명백해지듯이 새로운 유일한 분야인 것이다. 공업기술은 오랜 역사를 지니고 있고 수천 년을 통해 발달되어 왔다고 해도 19세기 말까지 수공업의 일부로 남아 있었다. 따라서 이것은 인간의 자연환경 내에서 근본적으로 변함이 없는 채 인간의 일상생활의 일부였다. 그러다가 지난 1백50년 동안 공업기술은 세계 역사상 다른 모든 사건보다도 더 깊은 자국을 남겼으며, 그 업적은 연장과 불의 발견으로 인한 자국만큼이나 중대한 것이었다.

공업기술은 독립적인 거인(巨人)처럼 되었으며, 끊임없이 성장 진보한다. 공업은 지구의 통일되고 계획된 개발을 가져왔고 그 결과 재정적(財政的) 이익을 남겼다. 공업기술의 마력에 빠져들어 인간들은 더 이상 그들 자신의 업무로 비롯된 것을 조절할 수 없는 듯하다. 객관적으로 공업은 신학·법학, 또 의학과 동등하게 관심을 받을 자격이 있다.

그러나 우리가 근세사의 격변적인 변화와 사건들에 관심을 쏟게 된 후에야 비로소 그 자격을 인정하였다. 왜냐하면 인간의 자연환경을 형성하는 일과 자연과 기술세계를 변형시키듯 인간생활을 변형시키는 일을 공업기술이 맡기 때문이다.

신학·법학·의학, 이 상위의 세 학부와 같이 네번째 학부를 탄생시킴으로써 대학을 확대시키는 일은 정말로 도전적인 일이다. 공학은 전혀 새롭고 또 자꾸 발전하는 분야를 대표한다. 공업기술이 우리 인간 실존에 미치는 궁극적인 효과는 분명치 못하나, 계획되고 또한 무질서한 발전에 밀접한 관련을 갖고 있다.

우리는 우리의 근접 환경의 격심한 변화를 지켜 본다. 아파트와 공공 건물, 도로건설과 운수, 수송과 통신, 부엌의 설비, 책상과 침대, 급수, 가스와 전기—이 모든 것은 우리의 현 환경과 이전 환경의 차이를 보이는 것이다. 이러한 것은 단지 공리적인 면에 대한 참작이나 자연과학의 힘에 의해서만 이루어진 것이 아니라 인간의 자연환경을 변형시킨다는 새로운 관념에 의해서 이루어진다.

그러나 이 인간생활의 새로운 개념과 또 그 생활을 유지하기 위한 막대한 설비는 아직도 마음대로 조절할 수 없고 또한 영구한 원형(原形)으로 구체화시키지도 못하였다. 공업기술상의 대규모적인 끊임없는 변화는 우리로 하여금 환희와 당황 사이에서, 또 가장 엄청난 힘과 가장 초보적인 무력(無力)함 사이에서 비틀거리게 만든다.

모든 것은 하나의 큰 흐름 속으로 흘러들어 가는 듯하다. 역사적으로 적절하게 납득할 수 없이 150년 전부터 흐르기 시작하여 오늘날까지 계속 꾸준히 불어나 모든 것을 삼켜 버린다. 지금 우리는 이 방대한 현상이 틀림없이 형이상학적(形而上學的) 근원에서 생겨나는 것과 또 모두 멸망의 고통을 겪으면서도 그 현상(現象)의 목적을 받아들이지 않으면 안 된다는 것을 안다. 아직은 거의 반쯤 잠든 상태에 있지만 틀림없이 깨어나게 하여야 할 그 무엇이 존재하는 듯하다. 정교한 공업 기구라는 거대한 집단 뒤에서 지금까지는 침묵을 지켜 왔지만 괴테와 부르크하르트와 같은 몇몇 사람들은 희미하게나마 그것을 인지하였고 공포와 혐오(嫌惡)가 뒤섞인 반응을 보였다.

인간의 지적(知的)인 생활에 있어서 공업의 가장 좋은 효과를 얻자면 대학을 이 둘이 서로 만나는 장소로 만드는 일일 것이다. 그렇게 되면 공업과 그로 인한 혼란은 의미(意味)와 목적을 지니게 될 것이며, 또한 대학의 이념으로부터 개방성·진실성·초현대성이 자라나게 되며 그 가운데 이 이념은 스스로 입증될 것이다. 이와 같이 사실상 대학은 스스로를 변형시킨다.

대학의 옛 이념을 부활(復活)시킴으로써 학자가 그 임무의 중요성을 느껴 새로운 기술학과의 탄생이 대학 전체의 이익을 주게끔 할 수 있다. 그러나 대학이 전반적인 부활을 촉진하려면 대학 전체가 이러한 재헌신에 한몫 거들어야 할 것이다. 대학의 큰 임무는 총지식과 실제 기술을 이용하여 우리가 살고 있는 시대에 대해 진정 포괄적인 인식을 야기하는 것이고, 공학부(工學部)의 통합은 이 실제 기술의 한 단면일 뿐이다.

공업학교의 통합에 따라 필수적으로 다른 변화들이 일어나게 될 것이다. 우선 옛 철학부가 재통합되지 않으면 안 된다. 또한 자연과학과 인문과학의 구분이 없어져야 한다. 이렇게 재통일함으로써만 기본적인 학과가 날로 증가하는 실용적 학과들과의 충돌과 범위에 대항할 수 있게 충분한 힘을 부여한다. 이렇게 함으로써 자연과학이 대학에서 계속 고립되어 결국 공학과 의학의 진영으로 몰리고, 그외 학부들은 활력과 관련성을 잃어버린 채 심미적(審美的)인 고립 상태에 빠져 과거의 소중했던 추억만을 간직하게 될지도 모르는 위험이 감소된다.

그보다도 재통일로 인해 학문 내에 계급조직의 관념이 다시 도입될 것이며, 그 계급조직에 의해 기본 학과와 보조 학과(補助學科)가 구별되는 것이다.

공학부는 대학에 있어 새로운 것이 되며, 단순한 새로운 학과라는 것 이외에 대학으로 하여금 전혀 새로운 것을 행하도록 만들어야 한다. 대학은 현대인의 커다란 문제, 즉 공업기술에 의해 가능해진 새로운 생활방식의 형이상학적 토대가 어떻게 하여 공업기술로부터 생겨날 수 있는가 하는 문제에 직면해야 한다. 일단 학자들이 밀접하고 끊임없는 협력 아래에 이 과제(課題)를 실현시키기 시작하자 무슨 과목이 이 목적에 가장 강한 추진력을 줄 것인가를 예언하기란 불가능하게 되었다.

신학(神學)은 다른 분야와 마찬가지로 일단 자신의 가정(假定)을 잊게 되면 중대하고도 특수한 과오를 범하기 쉬운 자율적인 것이다. 그리하여 구원의 신비로부터 타락하여 황당무계와 마녀잡기로 빠지기 쉬운 것을 보여 주었다. 법학은 성문법에 대한 관심으로부터 모르는 사이에 불법적(不法的)인 야만 행위를 법적으로 합

리화시키기 쉬우며, 의학은 치료해야 한다는 근본적 의
무로부터 타락하여 안락사와 정신병자를 살해하기 쉽다
는 것을 보여 주었다.

이와 마찬가지로 공학 역시 스스로의 이상을 좇기도
하고 그렇지 않을 수도 있다. 자기의 발명(發明)이 모
르는 사이에 간접적으로 죄악을 초래한 것을 깨닫고 말
년에 공포에 사로잡혔던 발명가들의 이야기를 우리는
들어 왔다.

또한 어떤 종류의 기술적인 일의 공허(空虛)와 그 목
표의 독단성(獨斷性), 또 그와 같은 단순한 능력의 무
의미성에 대해서도 들어 왔다. 그러나 모든 기술적 활
동의 근저는 이 세상에서 인간의 생활을 좀더 충분히
발전시키고자 하는 심오한 의지(意志)이다.

공학부는 의학부와 마찬가지로 철학부의 단순한 부속
물 역할밖에는 할 수 없다. 공학부는 스스로 독자적인
존재 영역(存在領域)과 실제적인 과제를 갖고 있다. 그
러나 의학의 경우와 마찬가지로 본질적·교육학적으로
철학부의 일부분인 기본 학문에 바탕을 두고 있다.

지금까지 제안한 변화로 인한 가장 직접적인 결과는
다음과 같다.

우선 대학이 공과대학을 흡수함에 따라 물리학·화학·
수학을 이중으로 다룰 필요가 없게 된다. 사상사(思想
史)·예술사, 경제학과 정치학 역시 철학부의 일부가 될

것이다. 공학의 필요성은 철학부 전체에 신선한 활기를 불어넣어 줄 것이다. 왜냐하면 기본 학과들이 좀더 의식적으로 이론적 탐구의 공통 범위 위에 초점을 모으게 될 것이기 때문이다. 기본 학과의 가르침은 의학·공학, 교수법의 공통된 문제에 집중될 것이다. 이것이 개별적 학자들의 개성(個性)에 따라 어떻게 나타날 것인가는 말하기 힘들다. 아마도 가르침은 과학의 역사적 발전과 수학적 통찰력의 발전을 촉구하고, 이렇게 하여 철학부의 통합을 개별 학문 내로 넘기게 된다.

총괄적으로 말하여 종합대학에다 공학부를 통합함으로써 서로 이익을 얻을 수 있다. 종합대학은 더 풍부하고 포괄적이며 보다 현대적으로 성장할 수 있다. 대학의 근본적인 문제들에는 새로운 활기가 불어넣어질 것이다. 반대로 공학부는 그 의미가 진지한 관심의 대상이 됨에 따라 좀더 관조적(觀照的)으로 될 것이며 그 독단과 한계성, 지나친 낙관과 비참한 실망감 등은 좀더 심원한 관계에 처하게 된다.

그러나 공학부의 독자성과 보편성을 현대적 현상으로 인정은 하되, 수많은 타학과들이 그와 같은 증거에 의해 정당화된다는 무의미한 결론을 끌어내서는 안 된다는 것은 매우 중요한 점이다. 농학이나 임학·경영학 등의 학과들이 공학부와 동등한 상태에 놓인다고 생각할 수 없다.

위의 학과들은 순수하고도 단순한 전문분야로서 포괄적인 주제(主題)를 갖고 있지 못한 것이다. 그렇다고 해도 그 학과들이 대학으로부터 제외되어서는 안 된다. 대학은 연구의 주제가 되는 학과와 위에서 언급한 학과와 같은 보조 학과를 엄격히 구분할 수만 있다면 무엇이든지 가르칠 자유가 있다.

연구 과목 속에는 그 성과의 내용과 수준이 대학 자체 내에 합쳐질 수 있을 만한 가치가 있는 학과는 전부 포함된다. 그외의 과목은 대학에 합쳐질 자격이 없고 단지 당분간 대학에 가입만은 할 수 있는 것들이다. 그 과목의 교수와 학생들은 대학의 분위기와 테두리 속에서 공부하되, 좁은 의미에 있어서는 대학에 속하지 않는 것이다.

대학의 교수단은 가르치는 것뿐만 아니라 스스로의 연구 가치에 따라 평가받는 점에서 분계(分系) 학과(농학·경영학 같은)의 교수와 구별된다. 근본적인 문제와 그 의미에 관심을 둔다는 점에서 연구에 종사하는 교수와 그의 기술조교(技術助敎)와 구별된다. 기술조교의 임무는 사실의 수집, 보조 업무, 그리고 명백한 예비적 객체를 다루는 데 국한되어 있다.

나날이 증가하는 직업의 수에 따라 고등교육은 필수적이다. 잘못된 비현실적인 특권계급(特權階級) 의식에서 이러한 필요성을 무시할 수 있으며, 아니면 그 필요성을 충족시키기 위해 무엇인가 할 수도 있다.

만일 우리가 사리에 맞게끔 조심스럽게 단계적으로 후자의 길을 택한다면 대학의 고립된 '훈련' 기술이 결국 필요한 것일까 하는 의문이 생긴다. 전문화된 기술, 즉 제2급 수공이나 또는 전체에 대한 비전이 없는 틀에 박힌 단순한 능력이 우리의 공동의 이익에 도움을 주는 것인지, 또는 우리가 당분간은 그것을 참고 견딜 줄 알아야 한다고 해도 결국 그것이 유해(有害)한 것인지의 여부를 결정짓지 않으면 안 된다.

대학은 모두의 열망을 실현시키며 따라서 궁극적으로 모든 지원자들을 받아들여야 하고 또 모든 인간 지식과 기술의 분야를 높은 수준으로 향상시켜야 하는 것일까? 그렇지 않으면 소수의 사람들만이 이해할 수 있는 비밀 요소를 가지고 있는 것일까?

우리는 지적(知的) 계급조직의 관념을 반대하는 사람들의 판에 박힌 주장에 현혹되어서는 안 된다. 그들의 주장은 시기상조이다. 지적 신분의 균등이란 포고될 수 없으며 단지 개개인이 끊임없이 노력하여 성장함으로써 얻을 수 있다. 또한 우리는 모든 사람이 인간성의 가장 고결한 기능을 얻을 수 있다는 꿈에 현혹되어서도 안 된다.

이것은 유토피아적인 꿈이며 사실상 어느 정도까지 실현될 수 있는지 아무도 모르고 또 알 능력도 없는 때,

그것이 이미 존재한다고 가정한다고 해서 실현되지도 않는다. 일시적인 해결책으로 대학이 분산(分散)되지만 실제로 대학의 일부가 아닌 학교들을 세우는 방법이 있다.

기준을 보편적으로 낮추는 희생을 않기 위해서는 대학은 귀족적인 원칙을 고수해야 한다. 분교를 대학 내로 합병시키는 것은 포고로 해결되는 문제가 아니다. 단지 그 분교들이 자기 나름대로 자라 지적인 성숙을 이루게 하는 것만이 이러한 합병이 이루어질 수 있는 길이다. 이렇게 된다면 실제적 합병은 단지 완료된 사실을 형식적으로 인정하는 것에 불과한 것이다.

Ⅲ. 대학 존립의 필요조건

대학의 이념(理念)을 고려함에 있어 그 이념의 필요조건인 동시에 제약된 몇 가지 현실을 고려하지 않으면 안 된다.

우선 대학에 함께 모이는 사람들의 태도(態度)와 능력이다.(제8장)

다음으로 대학을 유지하는 국가와 사회의 권력의 의지(意志)와 요구가 있다.(제9장)

8. 인적(人的) 요인

　대학생활의 전부는 대학에 참여하는 사람들의 성격에 의해 좌우된다. 대학의 성격은 그 대학에 임명된 교수들에 의해 결정된다. 모든 대학은 끌어들이는 사람들의 종류에 따라 달라진다. 대학의 진실된 이념일지라도 그것을 실현시킬 수 있는 사람이 없다면 아무 소용이 없다. 그러나 이러한 사람들이 존재한다면 대학의 생사(生死)는 그들을 발견하여 끌어들이는 데 있다.

　대학의 생명은 교수와 동시에 학생들에게도 달려 있다. 학생들이 훌륭하지 못한 학교에서는 최고로 훌륭한 교수들도 무기력하게 된다. 따라서 대학의 모든 생명은 공부할 자격을 갖춘 젊은이들에게 달려 있다. 그들은 스스로의 능력을 최대로 발휘하여 이러한 특권(特權)을 누릴 자격이 있음을 보여 주지 않으면 안 된다.

　대학의 입학 허가는 어떤 선정 과정을 통해 결정되어야 하며 입학 허가를 얻기 위해서는 예비적인 학교 교육이 반드시 필요하다. 이러한 준비과정이 없이는 대학에서의 공부가 쓸모 없이 될 것이다. 또한 입학허가를 받고자 하는 사람은 교육받을 만한 자격이 있어야 한다. 다시 말하자면 대학에서의 공부를 통해 발전할 수 있는 능력과 재질(才質), 또 특징을 갖고 있어야 하는 것이다.

대학이 받아들이는 학생의 종류에 대한 문제가 있다. 외형상으로는 모든 사람을 받아들이는 것 같지만 본질적으로는 최상급(最上級)의 학생만을 받아들인다. 대학의 목적은 자라나는 세대 중 최상급 사람들이 마음껏 발전할 수 있게끔 해주는 데 있다.

그러나 누가 '최상급'의 사람으로 판명될는지는 미리 결정지을 수 없다. 더욱이 가장 능력이 있는 자, 즉 진리를 이상으로 삼고 그것에 가장 깊숙이 몰두하는 가장 진지한 학생들을 등한히 하지 않으면서, 한편 계획적(計劃的)으로 특수한 형(型)을 배출하고 후원하는 것은 힘든 일이다.

그러한 진지한 사람들에게는 공부와 연구가 고역이거나 또는 수많은 종사업 중의 하나가 아니다. 그들에게 있어서 새로운 지식을 창조하고 진리를 위하여 이바지하는 데 도울 수 있다는 특권은 가장 중요한 개인적 관심사인 것이다. 따라서 '최상급'은 한 가지 유형으로 한정될 수는 없으며 그들의 생명과 진지한 삶으로 진리와 결과를 객관적으로 얻을 수 있다고 다짐하는 가지각색의 사람들을 나타낸다.

지적인 방향으로 나아가는 사람들은 지적 생활에 몸

을 바치는 것이 특색이다. 그것은 어떤 다른 것을 얻기 위한 수단도 아니고 외적인 목적이나 세속적(世俗的)인 성공을 얻기 위한 수단도 아니며 단지 지적 생활을 위한 생활인 것이다. 따라서 그들은 스스로의 특수한 직무 안에서 전문직업의 이상(의사·교수·판사 등)을 실현시키고, 완성시키고자 애쓰며, 삶의 모든 영역에 인간완성(人間完成)이라는 필수적인 것을 불어넣으려고 노력하고, 또한 모든 지적 업무의 단계마다 그 근저에 흐르는 의미를 뚜렷하게 인식하려고 애쓴다. 생활의 긴박함에 대한 걱정으로부터 벗어나게 되면 그러한 사람들은 본질적인 가치가 있는 문제들을 절도 있게 추구함으로써 여가를 선용할 것이다.

그의 생활 자체가 궁극적인 목적이라면 그것은 오로지 그 생활이 지적 업무의 달성과 일치하며, 또 그 업무에 대한 인식이 인간적 만족감(滿足感)을 주기 때문이다. 최상급의 사람들을 선택하는 것은 그들 자신의 인간적인 성취와는 무관한 목적을 위해 그들을 자료로 이용하기 위한 것이 아니라, 그들의 지성 자체가 궁극적인 목적으로서 고유한 개인적 인간성(人間性)을 얻을 수 있도록 돕기 위한 것이다.

다양한 인간 유형 중에서 개개인을 선택하는 문제는 다음의 세 가지 항목에 해당한다. (1) 어떠한 적성이 바람직한가? (2) 그 적성들이 어떤 분포를 보여야 하나?

⑶ 누가 선택(選擇)을 하나?

적성의 유형

우리가 경험에서 알 수 있듯이 사람들은 매우 다르고
또 매우 비슷하다. 모든 사람들에 대해 동등한 권리(權
利)를 주장하는 사람은 누구나 사람들의 공통된 면을
고려하는 것이며, 이러한 주장은 물질적인 실존과 요구
에 있어서처럼 공통된 바탕과 평등이 정말로 존재할 때
에만 타당한 것이다.

사람들의 차이(差異)를 강조하는 것은 사람들의 질적
인 차이가 인정되어야 하고 또 존중되어야 한다고 주장
하는 것과 같다. 다양한 적성을 인정하고 가장 효과적
으로 사용하고자 하는 사람들은 이 후자 그룹에 속한
다. 그들은 인간의 흥미와 경향, 또 정신생활(精神生活)
에 전념하는 정도의 차이와 이러한 생활을 위해 희생할
수 있는 능력을 주목한다.

사람들의 차이는 정말로 엄청날 정도이며 이러한 것
은 사실을 직면할 태세를 갖춘 사람들은 누구나 통찰할
수 있다. 이러한 것은 실제 경험으로써 확증된다. 동시
에 인간은 본질적으로 무한한 가능성을 갖고 있는 존재
이다. 엄밀히 말해 개인은 그의 재능이나 성격의 유형
에 따라 총괄적으로 분류될 수 없다. 또 그러한 시도는

전부 개인의 단면만을 비추어 줄 뿐 전체를 밝힐 수는 없다. 편의상 다음과 같은 세 가지로 구분할 수 있다.

 (a) 적성의 변형 : 기억력·관찰력과 습득력, 피로에 대한 저항력, 훈련에 대한 순응력·지각 능력, 차이를 파악할 수 있는 능력, 집중력, 속도 등, 이 모든 것은 실험에 의해 증명될 수 있고 또 다소 시험될 수도 있다. 어떤 적성에 가장 알맞은 사람들을 선택할 수 있도록 개개인의 그룹에 등급이 정해진다.

 (b) 진정한 의미가 있는 지성(知性)이 어떤 것인가를 파악하기가 매우 어렵다. 능력을 시험하여 그 관련성·적응성·판단력을 알아보고자 하는 여러 가지 기술이 시도되었으나 그 결과의 신빙성은 매우 희박하다. 때로 그 결과는 믿을 만하지만 한 방면에 가망이 없는 사람이 다른 전문분야에서 상당한 총명(聰明)을 보여 주는 명백한 사실로 우리는 놀라기도 한다. 어느 한쪽에 치우치지 않고, 한편으로는 특수한 재능에 역점을 두고 또 다른 한편으로는 보편적(普遍的)인 재능을 강조하는 데 모호함이 있다.

 (c) 지적 수행의 정신과 숭고함이 있으며, 이 두 요소는 결정적으로 실험에 의하여 파악되거나 경험에 의해 터득될 수 없다. 그것은 개인적 수행·동기(실행하면서 얻는 기쁨, 또는 성공, 다른 사람들을 능가함으로써 얻는 기쁨과는 거리가 먼), 자신의 일에 대한 헌신, 고상

한 정신, 진실성, 그리고 배움에 대한 열성(熱誠)의 의미에 있어서 지성이다. 이러한 소양들은 실제로 선택을 행하는 시험관들에게서조차 찾아보기 힘들며, 그 시험관들도 단지 빈약하게 위와 같은 지성의 섬광을 부여받고 있는 경우가 허다하다.

(d) 창의력(創意力)은 객관적인 실험으로써는 전혀 파악할 수 없다. 창의력은 몇 사람들에게만 주어지며 부지런한 노력에 의해 발전될 수도 있고, 무관심으로 황폐될 수도 있다. 절도와 양식(良識)의 결여로 자신의 재능을 쓸모 없게 만든 타락한 천재들이 많다. 균형 있는 헌신·의지력·근면, 그리고 기술이 함께 할 때만 창조적인 재능은 발전한다. 고도의 천부적인 재능을 부여받았으면서도 결국 모든 것을 상실하고 지적으로 타락하게 되는 사람들이 많다. 천재적 재능을 잘 키워 나가면 기본이 되는 통찰력(洞察力)·사고(思考)·형식(形式)을 얻을 수 있다.

이러한 천재적 재능은 마음대로 생산되거나 측정되거나 육성될 수 없으며, 선택에 있어서 고의적으로 특별 취급을 받거나 표준에 의해 강제로 시행될 수도 없다. 재능이나 적성과는 달리 천재적 재능은 유전될 수 없다. 형이상학적으로 말하여 천재적 재능은 하나의 실험이며, 절대 정신의 추측이며, 모든 지적 변화의 원인이 된다. 우리는 천재가 발견하고 또 쉽게 이해할 수 있게끔 만든 통찰력에 의지하여 살고 있다.

우리는 쓸모 없이 된 천재에게조차 마땅히 최상의 존경을 보내야 한다. 진정한 천재적 재능을 알아내어 세상에 드러내며 사람들이 그것을 통감하게 하는 것은 우리에게 달려 있다. 우리가 신중히 떠맡을 수 있는 과제는 천재의 업적을 소화하는 일이다. 천재와 우리 자신과는 커다란 격차가 있을지라도 모든 사람에게는 천재의 충동과 근본적인 통찰력이 있으며, 특히 젊은이들의 경우에 그러하다. 우리가 천재에 관심을 갖는 것은 우리 역시 어딘가에 그와 같은 본질을 지니고 있기 때문이다.

천재성은, 재능이나 의도에 지나지 않는 모든 것과는 절대적(絶對的)인 차이가 있다. 그러나 누구나 완전한 천재가 될 수는 없고 단지 천재적인 재능을 가진 사람일 뿐이다. 천재적 재능은 누구에게나 다소 존재한다. 어느 누구도 신(神)은 아니다. 그러나 정도의 차이가 대단히 심해 우리는 천재와 우리 자신과의 거리를 느끼는 질적(質的) 근거를 가지고 있다. 사람들 사이의 결정적 차이는 그들의 삶이 이 차이 때문에 지배당하든지 또는 사회·직업, 그리고 도덕적 질서에 의해서만 주로 지배를 받느냐 하는 것에 달려 있다.

적성·지능·영성(靈性)·창의성을 구별함에 있어 우리는 능력이 명백히 주어지는 것이라고 생각함으로써 잘

못 구체화시키는 오류(誤謬)를 범하게 된다.

첫째, 적성에 의해 나타나는 성격의 특징을 단순한 구체적 물건을 파악하듯 파악할 수는 없다. 그 특징들은 한층 뛰어난 인적 요소이므로 객관적인 심리적 기술로써는 단지 부분적으로밖에 파악할 수 없기 때문이다. 오로지 인간의 초절적이며 '포괄적'인 면을 기꺼이 직면하려 하는 철학자만이 성격과 적성을 보다 가깝게 파악할 수 있다. 심리적 적성검사도 순전히 외적(外的)인 특성의 수준을 넘어서는 아무런 의미를 갖지 못한다. '포괄성'을 측정하고 시험할 수 있는 객관적인 판단기준은 전혀 존재하지 않는다.

둘째, 어떤 사람도 그 외면(外面)에 나타나는 것과 완전히 일치하지 않는다. 마치 전통적인 지배 그룹이 물러나고 대신 지금까지 잘 알려지지 않았던 보조적 위치에 있었던 새로운 인간형(人間型)이 들어서게 되면 전국민이 변하게 되는 것처럼 보이는 것과 마찬가지로, 한 개인도 새로운 언어와 몸짓의 환경으로 인해 이제까지는 생소했던 자신의 성격 요소가 자라나게 되면 완전히 다른 사람으로 변할 수 있는 것이다. 인간이 가진 가능성(可能性) 중에서 어떤 특별한 실현은 한 인간의 전체적 가능성과 비교해 볼 때 단편적인 것에 지나지 않으며, 그것은 몇 가지 특수한 가능성을 가려내어 선택적으로 재배열하는 것이다.

셋째, 인간은 스스로 자신의 결정을 내린다. 모든 사람들은 어떤 시점에서 자기 자신에 관한 결정을 내리게 된다. '하지만 나는 그렇게 돼먹은 사람이니까 할 수 없지' 하는 말은 단지 자기의 자유를 회피하기 위한 방책에 불과하다.

그러나 인간의 소질에는 바꿀 수 없이 받아들여야만 하는 것이 매우 많다. 하지만 우리가 어떤 결정적인 성격의 특성을 이야기하거나 또는 어떤 재능이 생리학적으로 유전(遺傳)된다고 주장하는 데 있어 지나칠 정도로 조심해야 한다. 나는 이러한 특성이나 재능이 있거나, 또는 어떤 가능성을 부여하거나 배제함으로써 깊은 영향을 미친다고 확신한다. 그러나 관례적(慣例的)인 실험 절차의 한계 내에 해당되는 경우를 제외하고는 이러한 특성을 상세하게 확인하는 데 아직까지 성공을 거두지 못하였다.

우리는 모든 사람을 한꺼번에 너무나도 쉽게 판단해 버린다. 성격과 능력을 과학적으로 연구하는 것은 신중하고도 고원(高遠)한 일이다. 그러나 결국에는 우리는 우리가 아무것도 모른다는 것을 명확히 알게 된다. 바로 이 때문에 우리는 교육의 여지를 남겨 두는 것이며, 또 인간이 자기 자신에 대해 요구할 수 있는 여지를 남겨 두는 것이다.

교육은 자신에 대해 마음을 결정하지 못한 사람들에

게 가장 의미 있는 영향(影響)을 미친다. 유아시절부터 어떻게 키워졌는가는 매우 중요하다. 이미 확고한, 실험의 대상이 될 수 있는 적성만이 중요한 것이 아니라 예견할 수 없는 가능성도 중요하며, 그 가능성의 실현은 언제나 다른 가능성을 파괴한다. 가정이나 조직 단체, 공동 집단을 지배하는 정신을 인식(認識)할 수 있는데, 이것은 그 그룹이 택하는 태도나 말투를 통해서 알 수 있으며 무의식적으로 인정된 신조(信條)와 금언, 그룹의 기준과 관습을 통해서도 가능하다.

만일 우리가 한 그룹의 사람들을, 그들의 매일의 생활의 일부가 되어 왔고 앞으로도 계속 생활의 일부분이 되고 있는 교육을 고려하지 않고 단지 외관(外觀)으로만 판단한다면 그것은 공정하지 못하다. 우리가 그들이 지닌 가능성의 전부는 아니더라도 진정한 일부에 대해 좀더 잘 알기 위해서는 그들이 전혀 다른 교육하에서는 어떤 사람들이 되었을 것인가를 알아야 한다. 교육하고자 하는 모든 용기는 그러한 숨은 가능성을 신뢰하는 데에서 우러나온다.

어느 누구도 자기가 누구이며, 또 무엇을 할 수 있는지 결정적으로 알 수는 없을지라도 자기 자신을 엄밀히 시험해 보아야 한다. 자기 자신의 양심에 의해서만 증명될 수 있고 외부 의견의 압력에 맡겨져서는 안 되는 개인적인 수행(遂行)이 우리의 유일한 안내자가 되어야 한다. 부지런하고 결단력 있게 수행함으로써 우리가 무엇이 될 수 있는가를 미리 알 수 있다.

피히테는 실제로 자기의 능력을 스스로 시험하지 말라고 충고한다. 대학에 입학할 능력이 있는 사람들은 스스로를 학자 후보생으로 생각하여야 한다. 우리는 항상 주어진 위치에 내포된 기준(基準)을 좇아 살아가도록 노력해야 하므로 대학에 있어서 우리는 특권으로서가 아니라 의무(義務)로서 우리의 최선을 다하여야 한다고 생각하여야 한다.

총괄적으로 말하여 사람은 이용의 대상이 될 수 있는 확정된 종(種)이 아니고 또한 동물과 같은 존재도 아니다. 사람은 숨어서 보이지 않는 많은 가능성으로 충만되어 있기 때문에 끊임없이 변화하고 발전하는 것이다.

적성의 분포와 대중의 특성

모든 사회는 물질생활(物質生活)의 번영에 있어서 큰 차이가 있을 뿐 아니라 무엇보다도 또한 어쩔 수 없이 계급(階級)의 차이가 있다. 이상적으로 생각할 때 최상급의 사람들이 역시 지도자가 되어 개인적 우수성과 적성의 우열의 서열과 사회계급(社會階級)은 일치하여야 한다. 이것이야말로 플라톤의 이상이었다. 사회적 조건은 철학자가 정치가가 되거나 또는 정치가가 철학자가 되어야만 비로소 발달하는 것이다.

그러나 인간적인 모든 것은 유동(流動)하기 때문에 이러한 이상은 완전히 실현될 수 없다. 그리고 실현되었다 하더라도 일순간에 지나지 않을 뿐이다. 이에는 두 가지 이유가 있다. 우선, 어떤 개인적 가치가 가장 중요한 것인가에 대한 의견이 항상 변한다. 여러 가지 재능은 사회 문제, 경제력, 또 공업 기술상의 세상 형편에 따라 더욱 쓸모가 있을 수 있고 또 그와 반대로 될 수도 있다. 더군다나 능력의 차이는 전부가 재빨리 형식적 상태로 고정된다.

왜냐하면 영속성(永續性)과 지속성(持續性) 없이는 삶이 지속되어 나갈 수 없기 때문이다. 이러한 상태가 유전되는 것인지 또는 교수에서부터 학생들에게로 전달되어지는 것인지는 별로 문제가 되지 않는다. 창조적인 원래의 지도자들을 추종하는 사람들은 모방자(模倣者)가 되기 쉬우며, 전통을 창조해 내기보다는 전통을 소유할 뿐이고 또한 원래의 독창적인 정신마저도 상실해 버린다.

이와 같이 이상(理想)은 부패되기 쉬운 위험에 놓여 있다. 때문에 지도자의 자리는 항상 그 세대에서 가장 능력 있는 사람들이 차지해야 한다. 사회적 차이 그것 때문에 그러한 선택을 하여야 하며, 그 선택이 저절로 행해지든, 아니면 계획적으로 행해지든 간에 어느 경우에서나 피할 수 없다. 이러한 선택을 이루게 하는 힘은 매우 다양하다.

교육의 기회가 공정하게 분포되어야 한다는 목적은 선택되고 한정된 범위 내에서만 이루어진다. 가장 위대하고 행복한 사람들로서도 모든 사람이 그들의 천부적 능력에 따라 정당한 권리를 얻고, 배우며, 또 일해야 한다는 이상(理想)을 이룰 수 없다. 인간은 유한한 조건에 얽매여 있기는 하지만 이상적으로 볼 때 무한하다.

그러나 이러한 조건을 인정하는 한도 내에서만 인간적인 것이며, 스스로의 한계를 받아들이고 그 한계 내에서 자유를 성취하는 일은 각자에 달려 있다. 한계는 유전과 능력의 문제이다. 인간은 시간이란 틀 안에서 살고 있어 모든 것을 동시에 행할 수 없다.

인간은 자신의 생명과 마찬가지로 한정되어 있다. 인간의 타고난 능력에 의해 인간이 극복할 수 없는 한계가 그어진다. 그럼에도 불구하고 인간은 그 자신이 자유롭다는 것을 인식한다. 제약은 또한 배경과 사회적 환경의 문제이다. 그러나 바로 이러한 제약은 새로운 기회를 열어 주며 여기에 있어서도 역량 있는 사람이라면 눈곱만큼의 자유도 포기하지 않을 것이다.

인간은 자신을 실현시키고자 노력하는 데 있어서 어디에나 존재하는 제한과 탄압에도 불구하고 이러한 자유를 계속하여 고집한다. 가장 좋은 방법으로 고등교육을 받을 사람을 선정하기 위하여 어떤 사실들을 수집할 때에 우리는 위와 같은 사회적 장애물을 무너뜨리는 것이다.

이런 의미의 사실들은 예를 들면, 일정한 역사적 시대에 있어서 지적인 지도자들의 사회적인 배경(背景)과 같다. 이렇기 때문에 우리는 뛰어난 사람들의 사회적 혈통을 조사해 볼 수 있다.

약전(略傳)이 두 페이지 이상을 차지하는 전 독일 전기 ≪General German Biography≫를 보면 1700년부터 1860년[5] 사이의 유명한 독일인 중에서 83.2퍼센트가 상류계급 출신이며, 반면 그 가족들이 노동자이거나 농부 또는 무산계급층인 하류계급 출신이 16.8퍼센트이다. 하류계급에 속한 사람들 가운데 32.7퍼센트는 예술가가 되었고, 또 27.8퍼센트는 학사원의 회원이 되었으며 14.6퍼센트가 성직자였다. 그리고 나머지 직업들은 매우 낮은 비율로 나타났다.

수세기 동안 하류계급의 사람들 수는 상류계급의 사람들보다 엄청나게 많았으나 독일 문화를 지배한 것은 나머지 수백 만의 사람들과는 종류가 다른 수천 명 가운데에서 그 중 몇십 명이었다. 그렇다고 해서 상류계급 사람들이 천부적으로 재능이 앞선다는 뜻은 아니다.

---

5. Mass에 의하면 'Über die Herkunftsbedingungen der geistigen Führer' *Arch. f. Sozialwissenschaft*; vol.41

모든 사람이 생각해 낼 수 있듯이 이러한 것은 상류계급 사람들이 최고의 성취를 이루기 위해서 그의 필요적인 조건인 교육의 기회에 한층 유리한 혜택을 누리었기 때문이다.

그러나 이와 반대로 재능은 모든 사회계급에 평등히 분포되어 있고 또 유일한 차이란 기회를 얻는 데서 생기는 것이라고 가정하는 것은 경솔한 짓이다. 만일 선택적인 양육(養育)에 의하여 생물학적인 자질이 수정될 수 있다면 오랫동안 계속되어 내려온 전통을 지닌 사회적 계급 사이에 고유의 능력 차이가 있다는 것은 당연한 것이다.

본질적으로 인간은 단순히 '태어나는' 것이 아니다. 그가 어떠한 가문이나 계급으로 태어나는가는 무시할 수 없는 문제이다. 그의 인간적인 본질은 타고난 천품과 내력(來歷)의 산물이다. 여러 세대를 걸쳐 문화적 전통을 살려 온 가문에서 태어난 아이들은 본질적으로 다른 아이들과 차이가 난다. 어린 시절의 어린이들에 대해 소홀히 다루는 것은 결코 나중에라도 보충될 수 없다. 따라서 젊은 시절에 헬레니즘 문화의 고상함에 접했던 사람들은 그들의 여생 동안 그 생명력의 불꽃을 지니게 될 것이다.

그들은 우아한 기품에 대한 감각, 소질에 대한 감각을 자칫하면 결코 소유하지 못했을지도 모르는 정신적 위대함에 대한 지각을 상실하지 않을 것이다. 가장 위대한 지적 창조(知的創造)조차도 개인의 어렸을 때의 경험에 의하는 경우가 허다하다. 피히테는 그의 천재성의 높은 비약에도 불구하고 무언가 비천한 점이 있으며, 그의 천재성 속에는 광신(狂信)의 기미와 편협함, 즉 사회적인 노예근성과 흡사한 것이 있다.

전통만이 유일한 선택 기준이 되거나 또는 첫째 기준이 되어서는 안 된다. 그러나 진실과 정의는 개인의 형성에 있어서 전통의 가치를 인정해야 할 것을 요구한다. 우리 시대에는 전통이라는 바꿀 수 없는 귀중함이 경솔하게도 낭비되었다.

우리는 다음과 같이 잘못된 의견들을 들을 수 있다. 즉, "과거는 영광과 파멸뿐이었다. 오늘날에는 우리는 누구나 이해할 수 있고 또 참여할 수 있는 것에 관심을 갖는다."라는 말이다.

이는 모두 진실되며 좋은 말이다. 분명히 자기 배경에 아무런 전통을 지니고 있지 않은 사람이 자기 실현을 이루지 않으면 안 될 경우에 있어서는 일정한 전통이 전제(前提)로 될 수 없다. 그러한 사람이야말로 비록 성인(成人)으로서 아이 때와는 다르게 전통을 소화할지라도 전통을 회복하여야 한다.

아무리 노력하더라도 일반 교육만으로는 인간의 지식에 대한 기본적인 갈구를 전달하지 못한다. 오랫동안의 연마, 여러 세대를 걸친 훈련, 교양 있는 가문의 전통, 이 모든 것이 개인의 성장과정에 관여된다.

그러나 모든 사람들이 받을 수 있는 학교 교육이나 또한 몇몇 사람들만이 운수 좋게 이일 저일을 끊임없이 해볼 수 있도록 해주는 일종의 물질적 안락도 단독적으로는 결정적인 것이 되지 못한다. 가장 중요한 문제는 목적을 확고하게 아는 것과 자기 훈련이다. 훌륭한 전통을 지닌 가문의 한 일원이라는 사실은 저절로 가치 있는 자산이 되지는 않으며, 그것에 대응하는 의무감(義務感)이 함께 따라야 비로소 가치 있는 자산이 된다.

또한 특권을 갖는 사회적 지위도 자동적인 가치를 갖는 자산이 못 된다. 지난 50년간, 모든 것을 광적으로 소유하려 하고 또 본질적 가치에는 아무런 존경심을 갖지 않고 단지 그 가격에 대해서 자만심을 갖는 유물주의(唯物主義)는 상류계급에서 한층 더 뚜렷했다. 수많은 뛰어난 사람들의 전통적인 배경이었던 프로테스탄트 교구의 저택, 고귀한 태생과 귀족적인 가정교육 등은 사라졌으며, 그것에 인위적으로 대치될 만한 것은 없다.

지금까지 언급한 사회적 요인에 필적할 만한 또 하나의 다른 사실은 포착하기 쉬운 것은 아니라도 보통 사람들, 대다수의 사람들이 지닌 자질(資質)이다. 모든 선정은 이 대중으로부터 하는 것이며, 총괄적으로 살펴볼 때 지배계급(支配階級)조차도 이러한 대중에 불과하다.

대중의 질은 항상 일반적으로 낮게 간주되어 왔는데 놀랍게도 이러한 사실은 역사적으로 일치되어 왔다.

대부분의 사람들은 자기 자신이 보통보다 높은 재능을 부여받았다고 생각하는 경향이 있다. 단지 어려움을 겪을 때만은 자기가 당하고 있는 방면에는 능력이 없다고 핑계를 대려 한다.

지적인 문제에 있어서는 거의 모든 사람들이 오만(傲慢)과 졸렬한 변명 사이에서 비틀거린다. 그들은 실제 그 자신들보다 더욱 강하게 보이려고 한다. 이와 같이 그들은 무비판적(無批判的)으로 세상 전체가 올바르고 화목하며 행복되게 개조될 것을 기대하고, 고지식하게 이 세상을 밑바닥에서부터 개조해 올라가려고 한다. 그들은 아주 엄격한 자기 훈련으로써 자신의 성장을 살펴보거나 자신의 의무를 다하는 대신 '사상'이라고 부르는 그 무엇에 복종하기 위해 그 두 가지의 중요한 일로부터 피하여 어리석게도 무비판적인 주장을 내세우는 데 몰두한다.

관심의 공통된 일치는 일정한 특별계급 내에만 존재하는 것이 아니라 평범한 능력을 지닌 계급 안에도 존재한다. 대중은 탁월하게 뛰어나는 것에 대해 적개심을 갖는다. 대중들은 자신의 무능함을 인식하면서도 지도자를 임명하여 추커 세워서 그가 일반적으로 계급의 평준화를 이루게 한 다음 쉽사리 그를 저버리기도 한다.

평범한 사람들은 본능적(本能的)으로 정치적 평등이 지성과 능력에까지 확대되어야 한다고 주장한다.

그러나 틀림없이 자신의 결점을 알고 그에 맞게 행동하는 사람도 있다. 이러한 것은 명백히 한층 더 높은 정신적 성장을 나타낸다. 지적으로 강한 동기를 가진 사람은 자신의 불완전한 능력으로 인해 괴로움을 받을지도 모르지만, 만일 그가 진정한 열의(熱意)와 또 기꺼이 희생을 하고자 하는 마음을 갖고 있다면 마땅히 그 천직(天職)을 따르도록 허용되어야 한다.

선발 과정(選拔過程)

대학의 지원자를 선정하는 데 있어 본래부터 간접적으로 지배하는 요인은 어떤 신중한 심사와도 달리 매우 복잡하다.

연전에는 '적자생존(適者生存)'을 지지하는 것으로 여겨지는 자유 경쟁(自由競爭)이 가장 자연스럽다는 이유로 최선의 선정 방식으로 지속되었다. 어떤 경쟁이 지능이나 지적인 흥미보다는 특수한 적성(適性)에 의하여 결정된다는 사실은 간과되었다. 따라서 시험만이 유일한 판단 기준인 경우에는 여기에 필요한 사실들을 전부 통달하는 의지력(意志力)과 능력에 따라 성공이 좌우된다.

이리하여 여가 시간에 대학 시험준비를 성공적으로

마치고 심지어는 박사와 또 그 다음 공부까지 계속한 성인들 가운데 기계적인 암기(暗記)를 벗어나지 못하거나 또는 해박한 지식을 소유했음에도 불구하고 한 번도 참된 지성(知性)의 숨결을 느껴 보지 못한 사람들도 있다. 그들은 혼자 힘으로 성공을 얻고자 나섰으므로 자신의 전 인격을 그 목적을 위한 도구(道具)로 바꿔 버린 것이다.

또한 우리가 가입하게 됨에 지위를 얻는 그룹의 세계관(世界觀)을 우리가 쾌히 소화할 것인가에 따라 선정이 간접적으로 좌우되기도 한다. 그러한 그룹에서 지위를 얻기 위하여 각 개인은 내면으로나 외면으로나 모두 순응(順應)하지 않으면 안 된다. 우리는 곧 우리 자신과 우리가 하고 있는 역할을 분리시킬 수 없게 된다. 정평 있는 모범을 가장 꼼꼼하게 따르는 사람들이 가장 훌륭히 출세한다.

여기에서도 역시 실제 지능(知能)보다는 특수한 적성(適性)이 결정적 요인이며, 예를 들어 기꺼이 통제를 받고자 하는 태도, 양보 정신, 또 적극적인 진취성이나 회유적인 우유 부단성을 보여 주는 것 등이고, 이는 우리가 만족시켜 주고자 노력하는 그룹에 따라 좌우된다.

이와 같이 두 가지 간접적 선정 과정은 지적 업적에 따라 사회가 그 대가를 주느냐, 안 주느냐에 따라 생기는 효과를 예증(例證)한다. 지적인 삶이 사회적으로나 경제적으로 아무런 구체적인 대가를 가져다 주지 않는 한 오로지 타협할 줄 모르는 결의로 불타는 사람들만이 그러한 삶에 착수할 것이다.

그러나 교육과 학문의 특권을 수반하는 한도 내에서만 많은 사람들에게 인기를 얻게 된다. 대부분의 사람들은 그들의 실제 능력 이상으로 특권과 명성(名聲)을 약속해 주는 것은 무엇이든지 추구하기 때문에 지적인 업적에 사회적·경제적 대가가 따르지 않는다. 단지 외적 장식물 효과만 따를 뿐이다. 보상제도(補償制度)가 택하는 인간형은 한가한 명상 속에서 어떤 것이든 그 자체를 위한 것에는 관심이 없고, 단지 아무런 결실을 맺지 못하는 '열심히 일하고' 또 '열심히 노는' 것을 반복하는 사람이다. 그러한 사람들에게는 모든 것이 무한히 증가하는 욕망(欲望)과 함께 사회적·경제적으로 성공의 보상을 얻기 위한 계단이며, 수단에 지나지 않는다.

선정 과정이 그렇다는 것을 알게 되면 누구나 비관론자(悲觀論者)가 된다. 그러나 혈통이 단순한 우연적(偶然的) 사건이라는 생각은 우리가 대학공부를 위하여 올바른 종류의 사람을 선정하고 끌어들일 것을 요구한다. 우리는 선정이 능력에 따라 행해져야 하며, 그러한 능력은 각 개인의 경우마다 객관적으로 결정되어야 한다. 그러한 선정은 간접적이고 우연적인 것이라기보다 직접적이고 계획적(計劃的)인 것일 거라고 속단을 내린다.

어떤 경우에 있어서도 진정으로 위대한 사람들이 미리 시험을 거쳐 선정되거나 확인될 수는 없다. 그림(Grimm)은, "평범한 재능은 측정할 수 있다고 해도 비범(非凡)한 재능은 측정하기 힘들며, 천재성은 전혀 측정할 수 없다는 사실을 인정하지 않으면 안 된다."라고 말했다.

진정으로 위대한 사람들을 위해서 우리의 학교는 충분한 융통성으로 그들이 비록 그 시대와 환경에 역행한다고 해도 예측할 수 없는 것이나 급진적인 혁신의 모험을 참작해 주지 않으면 안 된다. 총조직과 변하지 않는 선정 제도에는 고정된 목적을 위해 규격화된 동작이 따르게 되며 이는 곧 마비의 상태에 이르게 된다. 정신 생활은 사라지고 말 것이며, 학교가 절대적이고 최종적으로 모든 것을 결정하게 될 것이다.

그러나 생의 괴로움을 남보다 더 느끼며, 지금까지 존재해 온 모범에 맞지 않고, 또 그들을 전통적으로 마녀잡기의 희생물로 만드는 실존을 위해 싸우는 위대한 사람들은 예외이다. 사회적인 이유로 필요불가결한 근사치(近似値) 측정으로서의 선정은 그래도 여전히 의의 있는 문제이다.

그렇다고 해도 우리는 모든 선정이 그 나름대로 불공평하다는 것을 잊어서는 안 된다. 이성적이고 단호한 노력을 통하여 그러한 불공평을 피할 수 있다고 생각하는 것은 잘못이다. 한편에 가해진 불공평을 시정하게 되면 우리는 어쩔 수 없이 다른 편에 새로운 불공평을 초래하게 된다.

이러한 선정 문제에 있어서 우리는 결정적인 해결에 도달한다는 것은 불가능하므로 우리 인간성(人間性)의 무한한 가능성에 대한 관념을 유유히 지니고 있어야 한다. 선정의 책임을 지고 있는 판단과 결정의 소유자들은 그들의 책임을 다하여 뛰어난 재능을 지닌 극소수의 사람들을 저지하지 말아야 한다. 평범한 사람과 열등한 사람들, 야심적인 자들과 요구적인 자들, 거짓된 자들이나 뽐내는 자들을 지지하지 말 것이다.

직접 선정은 다음과 같은 세 가지 방법 중의 하나에 의해서 이루어진다. ⑴ 시험을 통해서 ⑵ 높은 지위의 사람의 개인적 선정에 의해서 ⑶ 특정 그룹의 사람들이 선출하여 올려 보내는 방법에 의해서이다.

시험은 공부를 할 자격을 갖추고 있는지의 여부를 결정하는 입학시험인 경우도 있고 또는 공부의 한 과정을 끝맺었다는 것을 증명하기 위한 최종 시험일 수도 있다. 수많은 사람의 무리 가운데에서 단지 소수만이 고등학교나 대학에서 공부하도록 뽑히게 된다고 가정해 보자. 어떤 사람은 심리적(心理的)인 시험으로 누가 가장 훌륭한가를 객관적으로 결정할 수 있다는 생각에 매혹당할 것이다. 실제 훈련에 앞서, 또는 개인의 진정한 가능성을 예측하기에 앞서 적성을 결정하는 기술은 대단히 중요함이 틀림없다.

그러나 우리는 과연 실제로 무엇을 시험할 수 있는가? 무엇보다도 먼저 잠재적(潛在的) 지능이다. 실제의 능력은 어떤 한도 내에서만 시험될 뿐이고 그 이상은 되지 않는다. 또한 잠재적인 성취 능력과 구사할 수 있는 도구를 시험하되 정신적인 우수성·창조성·의지력, 또 자기 희생정신은 그 대상에서 제외된다.

만일 한 사람의 미래 전체를 결정하게 될 목적을 가진 '선정기계(選定機械)'가 만들어진다면 우리는 정신생활에 없어서 안 되는 자유와 자유의지의 정반대되는 지점에 도달하여야 된다. 인간은 유전 그 자체와 똑같이 독단적인 결정권을 갖는 상황 속에 빠지게 될 것이며, 다른 점이 있다면 유전은 사실상 불가사의(不可思議)한 운명에 따라 좌우되는 데 비해 새로운 상황은 제대로 자격조차 갖추지 못한 인간들에 의해 좌우되므로 더욱 견디기 힘들다는 점이다. 경험 있는 사람들의 판단을 보충해 주는 기술로서의 시험은 단지 특정한 직무에 있어서 시험될 수 있는 종류의 적성이 필요할 때에 한해서만 필수적이다.

전인구의 일부만이 고등교육을 받을 수 있게 된 오늘날 고등교육에 대한 입학 허가를 얻는 데 초기의 선정은 피할 수 없다. 능력 있는 모든 사람들을 위한 고등

교육을 요구하는 사실은 사회의 소수의 계층에서만이 아니라 전인구에서 능력 있는 사람들에게 교육의 기회를 주자는 것이다. 또한 그러한 요구는 지나치게 전문화(專門化)된 시험 절차로써 진정한 능력을 가로막지 말 것을 뜻한다.

입학 허가를 얻는 데 필수적인 요구사항은 어떤 것이든지 지원하고자 하는 사람들에게 억제 작용(抑制作用)을 하게 마련이다. 특히 지적인 가치가 어떻게든 파악하기 힘든 경우 더욱 그러하다. 시험할 수 없는 적성이 존재하고 정신생활은 '느슨함'과 자유로이 움직일 수 있는 능력으로 자라며, 또한 한 단체조직이 엄격한 통제(統制)를 가할수록 그 조직의 반지적(反知的)인 경향이 커진다는 것은 확실하다.

최종적인 시험도 입학시험과 마찬가지로 두 가지 목정 중 하나로 사용될 수 있다. 우선 최종 시험은 주어진 분야에서 정상적인 숙달(熟達)에 도달했는가를 증명하며, 시험에 떨어진 경우 자격 없는 사람들을 제외하고 모두 보충 시험을 치르도록 허락되어 있다. 또한 최종 시험은 우수 학생들을 제외하고 전부 거르는 데 사용될 수도 있으며, 미리 정해진 수만큼 남기고 거르는 방법으로 사용될 수 있다.

높은 지위의 사람들의 개인적인 선정은 제도화(制度化)하기 힘들며, 이는 극소수의 사람들만이 필요한 자격을 갖추었기 때문이다. 적절한 예로, 스스로의 조언자(助言者)를 뽑는 군주, 자신의 조교를 선정하는 교사, 전문적인 능력을 가지고 최고의 적임자를 발견하여 임명하여야 하는 대학의 행정관 등이 있다. 실제에 있어서 개인적인 선정으로는 도저히 측정할 수 없는 깊숙한 소질에까지도 손이 닿을 수 있으므로 가장 확실하고 공정한 방법이다.

그러나 이것은 선정의 책임을 맡은 사람이 봉사하려는 타고난 욕망으로 인간의 가치와 재능을 결정하는 업무에 거리낌 없고 객관적으로 헌신하며 그의 판단을 보충하기 위해 사적인 편견(偏見)을 용납하지 않는 드문 경우에 있어서만 사실이다. 그러나 대부분의 경우 가장 개인적이고 동시에 가장 객관적인 판단력(判斷力) 대신 이질적인 동기가 자리를 잡는다. 개인적인 선정 대신 단체적(團體的)인 선정으로 바뀌면 평범한 사람들을 선정하려는 경향이 생긴다. 단지 소수의 사람만이 타고난 재능으로 인간의 내부에 있는 진정한 본질을 볼 줄 알아 선정을 할 수 있는 자격을 갖추었다.

일반적으로 교수들은 자신의 학생과 제자를 지지(支持)한다. 교수들은 본능적으로 자신들에 비해 우월한 재능이나 지성을 옆으로 제쳐 놓으려 한다. 그와 반대로 몇 교수들은 이러한 위험을 인식하고 스스로의 기호와 연민에 대해 투쟁한 나머지 거꾸로 불공평에 빠져 자기가 정말 전혀 원하지 않는 사람을 지명하게 된다. 이렇게 된다면 또한 그 선정은 보잘것없고 이해할 수조차 없는 것이 될 것이다.

마지막으로, 필요성의 문제가 선정에 있어 지배적(支配的)인 동기가 되며 아마도 이것은 오늘날 가장 흔한 상황일 것이다. 인간은 오로지 목적을 위한 수단으로서 평가된다. 불가피하게 지적 생존을 특징지워 주는 개인적 성질은 '보잘것없는' 것으로 밀려나며, 그렇다고 어떤 고차적인 '본질'을 지지하는 것이 아니라 단순히 특수한 필요성을 채우는 데 적합한 구체적이고 외적인 기준을 선택한다.

가끔 요행으로 인해 올바른 사람들을 선정하는 막연한 기술이 실제로 실시되기도 한다. 이러한 것은 한편으로는 중역들 간에서 또 다른 한편으로는 과장 의사와 그 밑의 부하직원들 사이에서 상호 신뢰(相互信賴)의 분위기가 넘치는 병원에서 있을 수 있다. 이와 같은 상황에서는 단체 조직은 고유한 특성을 발전시키게 된다. 재주 없고 무능한 사람들은 조용히 떨어져 나가며 남은 사람들은 충분히 활동할 여유를 갖게 되고 예의(禮儀)와 신뢰의 기풍을 이룬다.

이리하여 행운과 또 개인적인 권위가 결합하여 중요한 지적 업무가 자유로이 성취될 수 있는 영역이 창조되었다. 이와 같은 것은 대학의 전체보다 한 임상강의실의 범위 내에서 더욱 쉽사리 이루어지며, 교수단 전체보다 한 교수가 거느리는 선택된 그룹의 학생들 내에서 더욱 쉽사리 이루어진다.

개인적으로 후보자를 선정해야 하는 위치에 있는 사람은 누구나 우선 그 후보자의 발표된 업적(業績)에 대해 정통한 지식을 갖고 그 참된 중요성을 평가할 수 있어야 한다. 둘째, 그는 후보자와 개인적인 토의를 통하여 그를 평가하지 않으면 안 된다. 후보자와 시험관이 둘 다 비슷한 사고(思考) 경향을 갖고 있으면 위와 같은 일은 수월하다. 그러나 후보자의 정신적인 경향이 생소하고 또한 아직껏 공부에 대한 공통적인 바탕이 없고 공통의 열의가 없으면 그것은 힘들게 되고 설득력을 잃게 된다.

그러나 지각 있는 이성(理性)을 통하여 먼 곳으로부터 들려오는 소리를 듣고 이렇게 함으로써 후보자가 공헌할 가치가 있는 것을 소유하고 있는가를 결정할 수도 있다. 어느 경우에 있어서나 시험관은 편견이 없어야 하고 흔한 기준에 게으르게 매달려 있어서는 안 된다. 객관적인 지적 달성 다음으로 시험관은 후보자의 인격을 나타내는 모든 것, 즉 신체적인 외양(外樣)부터 필적(筆跡)에 이르기까지를 고려하는 것이 좋을 것이다.

셋째, 다수의 투표에 의해 새로운 사람을 임명할 수 있다. 학생들이 스스로의 교사를 선출하거나 또는 상호

선택으로 교사들 자신이 새로운 학과 학생들을 뽑는 것
이다. 법인 조직체가 상호 선택권에 의지해야 하는 반
면에 학생들의 입장에서 투표(投票)로 교수를 선정하는
데 있어서는 그럴 필요가 없다.

　법관의 심문을 받게 될 바로 그 사람들이 법관을 선
출한다면 아무런 유익한 점이 없을 것이다. 그 결과는
항상 '가장 다루기 쉬운' 사람을 선택하게 되기 때문이
다. 다음으로 학생들은 잠재의식 속에서 정적 매력, 교
훈을 줄 수 있는 능력, 연단에서의 풍채 등과 같은 외
적인 특징에 의해 판단력이 좌우될 것이다. 대다수의
사람들은 항상 최고의 흥행사에게 반하게 된다.

　그러나 교수의 능력, 자료에 대한 숙달, 격려하는 힘,
그리고 심지어는 지적인 위치에 대해서도 확실한 안목
을 지니고 있는 소수의 지각 있는 젊은이들이 존재하는
것은 틀림없다. 그러나 그런 젊은이들이 선출에 필요한
과반수를 지배한다는 것은 흔치 않은 일이다.

　이와 같이 선정의 세 가지 방법, 즉 시험, 개인적인
선정, 그리고 과반수 투표에 의한 선출은 모두 그 나름
의 결함(缺陷)을 갖고 있음이 명백하다. 그러나 이러한
방법을 신뢰할 수 없는 것처럼 그 결점들은 피할 수 없
는 것이다. 비범한 사람을 위한 기회를 남겨 주기 위해
서는 그 세 방법이 절대적인 최종 판결이라고 하여서는
안 된다. 물론 시험은 여전히 능력을 증명하는 방법으

로서 없어서는 안 된다.

그러나 대학은 시험이 지적으로 활발한 사람들에게 교육의 기회를 증가시켜 주는 역할을 하는 한도 내에서 시험에 대한 관심을 갖는다. 이 흥미는 시험의 질을 향상시킴으로써 단지 간접적으로 표현된다. 시험을 끊임없이 향상시키고 또 지적으로 좀더 의미 있게 만듦으로서 우리는 미약하나마 제도적인 선정 절차를 향상시킬 수 있다.

평범한 학생들만이 학습과정에 보조를 맞춘 연속적 시험에서 이익을 얻는다. 자주적인 정신을 지닌 학생들은 항상 오랫동안 자유로이 공부한 끝에 한 번 시험을 치르는 것을 좋아하는 법이다. 만일 대학이 그 학생들 모두가 자주적이고 독립적이기를 요구한다면 학생들의 동기에 이익을 주게 된다. 이러한 학생들만이 성숙한 학생으로서 자기 자신을 스스로 떠맡았기 때문에 스승이 필요하지 않다.

그들은 학설·관점·조사·사실, 좋은 충고를 기꺼이 받아들이며, 이는 오로지 그들 스스로 시험하고 결정하기 위한 것이다. 대학은 한걸음 한걸음 지시를 받기 위해 찾아다니는 장소가 아니다. 진정한 학생들은 진취성을 지니고 스스로의 문제를 해결할 수 있다. 그들은 지적으로 일해 나갈 수 있으며 그 일의 의미를 알 수 있다.

그들은 의사소통을 통해 자신의 개성을 더욱 강하게

만드는 사람들이다. 그들은 일반적이거나 보통 사람이 아니고 또한 총괄적인 사람들이 아니라 위험을 각오하고 자연스럽게 행동하고자 하는 다수의 개체(個體)이다. 이것이야말로 현실인 동시에 없어서는 안 될 허구(虛構)이다. 또한 그것은 우리의 가장 높은 열망을 따라 살고자 하는 성취할 수 없는 이상인 동시에 도전이다.

대학공부는 단일 시험으로써 끝을 이룬다. 그 시험의 성격은 더할 나위 없이 중요하다. 근본적으로 시험은 이미 행해진 것을 확인하기 위한 것이며, 학생들의 입장에서는 자유에 대한 훈련을 통해 얻은 자기 선택력(選擇力)을 의미한다.

대학은 적절한 자격 있는 학생들이 시험에 의해 정기적으로 조절되는 고정된 교과과정에 의해 지도된다면 더 이상 대학이 아니다. 그 대신 대학의 본질 그 자체는 각 개인이 결과적으로 무(無)로 끝날지도 모르는 공인된 위험을 무릅쓰고 그의 전 학습 과정을 통해 자기 자신의 선택권(選擇權)을 행사할 것을 요구한다. 그러므로 우리의 가장 심각하고도 궁극적으로 해결할 수 없는 문제는 어떻게 그러한 자주성(自主性)에 알맞는 지적·제도적 분위기를 대학에서 조성하는가이다.

무엇보다도 먼저 최종 시험을 향상시키는 과제가 있다. 그 시험은 단순화되는 동시에 확장되어야 한다. 즉, 적용(適用) 범위를 제한하고 그 수를 줄임으로써 단순

화시키며 응시자가 지닌 모든 지적인 힘, 판단력(判斷
力), 그리고 능력을 요구함으로써 확장시키는 것이다.

시험은 세미나와 여러 형태의 집단 업무에서 그 학생
이 보여 주는 품행(品行)과 성취에 대한 실제적인 평가
로부터 시작되어야 한다. 근면과 학점이라는 단순한 증
거는 중요하지 않다. 업적에 대한 구체적인 증명이 있
어야 한다. 훌륭한 필기숙제도 제출시켜야 하고 또한
고려하여야 한다.

시험에 있어서도 사실에 대한 지식뿐 아니라 응시자
의 품행, 주어진 문제를 처리하는 방법, 그가 사용하는
방식의 타입, 사물을 보는 능력, 가까이 있는 주제에 적
절한 방식으로 쓰고 말할 수 있는 능력 등도 주의해 보
아야 한다.

시험에 있어서 필수 사항(必須事項)은 응시자의 수와
그 직업의 요구에 따라 변할 수도 있다. 만일 일반적으
로 높은 성적 수준에 이르게 되면 그에 따라 선정의 기
준이 높아지게 마련이다. 어느 경우에나 응시자는 자기
가 결국 합격하지 못할지도 모른다는 것을 생각하지 않
으면 안 된다.

시험의 주제는 대체로 응시자 자신의 선택에 의하여
야 한다. 백과사전과 같은 지식이라는 소설적인 이야기
는 버려야 한다. 시험관의 가르치는 습관(習慣)이 응시
자의 학습 자유를 구속하여 시험관의 취향에 맞는 도식

에 좇도록 하여 그가 행하는 특수한 강의와 세미나에 얼마나 익숙한가에 따라 좌우되는 시험에서 성공을 거두는 그러한 일이 없도록 주의해야 한다.

경험과 관점의 상호 교환(相互交換)을 통해 대학은 스스로의 시험 수법을 의식적으로 발전시키고 또 향상시켜야 한다. 시험관의 노련함이 가장 중요하지만 체계적인 향상도 가능하다. 교육심리학과 교육철학은 학문적인 직업에 필요한 재능과 훈련의 자질에 우리가 항상 접하도록 해주어야 한다.

마지막으로, 시험과 평점은 될 수 있는 한 드물게 시행하여야 한다. 그 횟수가 많으면 많을수록 더 책임 없이 다스려지기 때문이며, 그 횟수가 적다면 진지하고도 엄격하게 처리될 수 있을 것이다. 지나친 사실의 적용을 겸하여 아주 빈번하게 시험을 시행하고 평점하는 것은 아무런 이익을 얻을 수 없게 마련이며, 이는 이런 종류의 시험이 선택력을 상실했기 때문이다. 그것은 해야 하는 과정임에도 불구하고 교수들의 시간에 부당한 짐을 부과하며 지적 생활의 일반적인 수준을 저하시킨다.

9. 국가와 사회

국가는 대학에 관용을 베풀어야 하며 대학의 생존(生存)은 정치적인 고려에 의해 좌우된다. 대학은 국가가 원하는 경우에만, 그리고 국가가 원하는 대로만 생존할 수 있다. 국가는 대학의 생존을 가능하게 하며 또 대학을 보호한다.

국가(國家)로서의 대학

대학은 사회의 덕택으로 존재하고, 사회는 스스로의 범위 내에서 순수하고 자주적이며 편견 없는 연구가 행해지기를 바란다. 사회가 대학을 원하는 이유는 사회의 영역 어딘가에서 진리에 대한 순수한 봉사가 이루어지면 사회 자체에 이익이 된다고 생각하기 때문이다. 진리에 대한 순수한 탐구의 결과를 두려워하여 자신의 권력에 대한 어떤 구속도 용납하지 못하는 국가는 대학의 존재를 영원히 허락하지 않을 것이다.

국가는 대학에 대하여 국가 국력에 의한 간섭을 면해 주었고 또한 대학을 존중하며 모든 형태의 간섭으로부터 대학을 보호해 준다. 대학은 한 시대의 지적(知的) 양심의 구실을 하도록 되어 있다. 대학은 시대 조류에 따른 정치에 대해서 아무런 책임을 갖지 않아도 되는 사람들의 모임이어야 한다. 이는 그 사람들이 단독으로 진리의 발전에 대하여 무한한 책임을 지니기 때문이다. 연구장소로서의 대학은 실제적인 업무로 가득 찬 세상 밖에 존재하기는 하나 필연적으로 현실 감각에 물들게 마련이다. 대학과 현실을 연결시켜 주는 것은 행동이 아니라 지식이다. 순수한 진리의 이상을 위해서 가치판 단(價値判斷)과 실제 행동은 보류된다.

· 실용적 업무의 활동무대로부터 멀리 떨어진 생활은 학문과 이해에 대한 열정으로써 유지되어야만 의미를 갖는다. 열정은 행동의 내적 상태이며 자기 훈련의 연속적인 성공이다.

그러나 대학생활은 일단 시작되면 항상 독특한 경향 으로 타락하기 쉽고, 그러한 타락은 지적 활동의 순수한 분위기를 흐릴 우려가 있다. 가치판단의 보류는 단순한 중립적 무관심으로 타락할지도 모르고, 실제 행동의 보류는 나태로 인해 타락할 가능성이 있으며, 지적인 신중성은 약화시키는 힘에 대항하는 도전에 대한 신경과민적인 공포로 타락할 수도 있다.

변천하는 세계와 대학의 변화

　사회는 법적·물질적으로 대학에 원조를 제공하여 대학이 전체의 이익을 위해 근본적인 연구를 계속하고 또 전문적인 직업을 위해 공부하는 사람들에게 훈련은 물론 지적인 풍토를 제공하는 역할을 다하도록 해준다. 이렇게 하여 대학은 끊임없이 국가와 사회의 요구를 충족시키며, 사회와 직업이 변함에 따라 대학도 변하게 되어 있다.

　중세시대에는 대학은 성직자를 양성해야 했고 그후에는 고급 정부관리, 의사와 교수들을 양성하지 않으면 안 되었다. 17세기까지 신에 대한 지식, 즉 신학과 철학이 극히 중요한 과목이었다. 그러나 그때부터 점점 커지는 공업기술(工業技術)의 영향으로 더욱더 전문화된 훈련을 요구하게 되었다. 가장 최근의, 또한 사회적으로 불가피했던 단계는 대학공부에 여성을 받아들인 사실이다. 지난 50년간 대학의 공부를 요하는 직업의 수가 꾸준히 증가했다. 여기에 대응하여 도저히 억제할 수 없는 요소, 즉 대학의 인구는 계속하여 증가되었으며 이에 따라 대학의 전체 멤버들의 자세는 변화되었다. 특히 교수와 학생 사이의 관계에 큰 변화를 가져왔다. 19세기부터 제1차 세계대전까지의 기간 동안 입학의 꾸준한 증가는 대학의 성격과 기능을 희미하게 변질

시켰으며, 그 이후로 더욱더 심해져 왔다. 이러한 대량 교육이라는 요구에 따라 대학은 고등학교의 방식과 절차를 채택하지 않으면 안 되게 되었다.

사회는 대학의 정신에 정치적인 수단으로 간접적으로만이 아니라 직접적이고도 계획적으로 영향을 준다. 이러한 영향은 한 역사적 시대로부터 그 다음 시대로 격심한 변화를 겪어 왔다. 불행히도, 정부가 스스로 없어서는 안 되는 존재라고 생각하지 말라고 한 훔볼트의 충고는 대학과 국가의 역사에 있어서 단 몇 번의 드문 대사건을 빼놓고는 무시되어 왔다. 국가의 간섭(干涉)은 항상 특별한 신념에 대한 편애를 뜻해 왔다. 이러한 점은 군주국에서, 또한 정도가 덜 심하기는 하지만 의회제도의 정부에 있어서도 사실이었으며 급진적 정치체제나 독재정치하에서는 그러한 간섭은 노골적인 폭력의 시점까지 이르기 쉽다.

정치적·사회적인 영향은 대학을 변형시킨다. 그러나 이러한 대학의 변형 속에서도 마땅히 대학에서 실현돼야 하는, 그러면서도 항상 상실될 위험에 놓여 있는 지적 통찰(洞察)이라는 영원한 이상이 어렴풋이 나타난다. 철학적 충동과 끊임없이 변하는 사회의 요구 사이에서 생기는 갈등은 독특한 수확을 얻는 큰 협동의 시대와, 또 철학적 이상이 극심한 좌절을 맛보는 시대가 번갈아 옴으로써 두드러지게 나타난다. 그러므로 불모의 시대와 활기의 시대가 교차한다.

대학 자체가 실패할 한 가지 길은 대량 교육을 위한 외부의 압력에 지나친 양보를 하는 것과 스스로의 기준을 고등학교 수준으로 낮추는 것이다. 대학이 받는 사회 일반의 영향도 마찬가지로 변동을 겪게 마련이다.

국가적 관리의 의미

대학은 관인(官認)을 받은 사단법인으로서 스스로 운영해 나가는 동시에 대학을 인가하고 보호해 주는 국가에 대하여 책임이 있다. 그러므로 대학은 법적으로 모호한 점과 심지어는 긴장감조차 가득 차 있는 이중적인 상태에 놓여 있다. 대학이 결코 글자 그대로 '국가 속의 국가'가 될 수 없는 반면에 퇴화하여 모든 개성을 빼앗긴 공공조직의 위치로 내려가는 것은 쉽사리 있을 수 있는 일이다.

사실상, 국가와 대학의 관계는 거의 언제나 팽팽하며 자주 공공연한 충돌(衝突)로 뚜렷이 나타나기도 한다. 국가는 대학과의 관계에서 쉽사리 유리한 입장에 설 수 있으며 실제로 대학을 파괴할 수도 있다. 왜냐하면 국가가 없으면 대학은 무력해지기 때문이다. 따라서 모든 충돌은 지적인 면에 한정되어야 한다. 솔선권은 대학에 의해 표명되는 마음과 정신으로부터 비롯되어야 하며 대학은 공공심(公共心)으로 하여금 그 생각을 명백하게 나타내고 또 스스로 고유한 목적을 식별하도록 시키지 않으면 안 된다.

대학에 있어서 교묘한 정치적 술책(術策)은 대학의 완벽함에 부적당할 뿐만 아니라 치명적인 것으로서 대학은 이를 삼가야 한다. 대학은 자기가 표상(表象)하고 나서는 것이 무엇인지를 솔직하게 보여 주어야 한다. 대학은 무력으로써가 아니라 진리의 힘으로써 국가를 제어한다. 그렇게 되면 지적 충돌의 결과로 약한 편이 파괴되는 것이 아니라 국가와 대학이 협력하게 될 것이다. 이는 국가가 대학의 이념을 실현시키는 것을 돕고자 한다는 것을 항상 가정하는 한에서이다.

만일 국가가 대학 이념의 실현을 도우려 하지 않으면 대학은 그 이념을 비밀리에 살리고 모든 공적인 활동을 삼가며, 현 정권이 멸망하기를 기다리는 수밖에 없다. 그렇다 해도 대학의 이념에 대한 관(官)의 적대감이 오랜 기간 동안 지속한다면 대학은 파괴된다.

국가와 대학의 협력을 가정하고 국가의 감독이 무엇을 의미하는가에 대하여 구체적인 예를 들어 보자. 먼저, 대학의 독립성을 법적으로 구속하는 어떤 형태를 승인함으로써 국가는 대학의 독립성에 대한 스스로의 관심을 충족시킨다. 대학은 하나의 법인체로서 자신이 독립되어 있다는 것을 확신해야 한다. 따라서 교수는 본질적으로 하나의 공복(公僕)이 아니라 폐쇄된 법인체의 한 구성원이다.

공복은 단순히 상부의 정치적 결정을 수행할 뿐이며 마치 재판관이 자신은 단지 적용시키는 권한밖에는 갖지 못한 현존 법률에 얽매여 있듯이 복종할 의무가 있다. 그의 가치는 곧이곧대로 지시를 수행하는 데 있다. 교수는 외부로부터 간섭을 절대로 받지 않으며 자기 스스로 선택한 문제의 처음부터 끝까지 자신의 연구활동에 대해 개인적인 책임을 질 의무가 있다.

그는 자신의 업무 속에 내재하는 기준을 근거로 결정을 내리며 그 결정은 외부의 예언이나, 즉각적인 확증과 각종 판단을 회피한다. 교수는 무엇보다도 먼저 그 자신을 한 단체의 구성원이나 공복으로서가 아니라 연구원이며 교수(敎授)로 생각해야 한다.

국가는 대학의 법인단체로서의 자주성에 대해 편재하는 감독자로서 기능할 뿐이다. 이에 대해 대학은 솔직히 그러한 기능을 인정하여 대학의 자주성의 인수자를 필요악으로서 은밀히 거부하거나 국가의 모든 변덕에 복종하여 머리를 숙이지 않는다. 대학은 국가의 감독이 진리의 주장과 충돌하지 않는 한 확신하며 그것을 받아들인다. 그러한 확신을 상실하게 되면 불행을 초래하게 된다. 왜냐하면 국가의 감독은 때로 대학 자체의 진정한 이념에 해로운 행동으로부터 대학을 보호해 주기 때문이다.

또한 국가가 대학에 부당한 요구를 한다면 대학은 반대의 근거가 되는 지적 원칙을 거리낌없이 명백하게 말할 의무가 있다. 대학이 스스로의 이념을 명확히 이야기함으로써 국가는 말하자면 국가 자신의 정신을 알게 되며 또한 거기에 부합되는 행동을 할 수 있기 때문이다. 이에 대응하여 대학은 오로지 객관성을 성취할 때에 자각을 얻는다.

국가가 대학을 감독하는 과제에는 무거운 책임이 따른다. 나의 생각으로는, 그러한 책임을 맡는 사람은 무엇보다도 지적으로 우수한 지각과 자기가 돌보아야 하는 지적 창조성(創造性)을 지닌 사람들에 대해 마치 원예가가 그의 귀중한 식물을 조심스럽게 대하는 것과 같은 태도를 지녀야 한다.

그는 '만들어질 수 있는' 것이 아니라 오로지 인식되어지고 배양될 수 있는 지적 생명력을 발견하여 배양시키는 과제에 모든 주의를 기울여야 하고 항상 그 반대 경향과 투쟁할 태세를 갖추어야 한다. 비록 지적 교양에 관한 모든 문제가 인간의 성격과 인격으로부터 분리될 수는 없지만 감독관은 자기의 막중한 권력을 행사하여 교수들의 도덕적인 고결함을 결코 손상시켜서는 안된다.

대학이 직업적인 성실성을 상실했던 것을 연구소나

기본 재산(財産)같이 눈에 보이는 번영의 부속물 속에
서 찾았던 때가 있다. 교수에게 경멸감을 갖고 접근하
거나 불경한 태도로 대한다거나 도덕적으로 비윤리적인
행동을 요구하는 입장에 빠뜨리거나, 글자 그대로 학원
정치를 드러내 놓게 되며 교수들도 기타 인간들과 마찬
가지로 결국은 최악의 가능성에 따라 응하게 될 것이
다. 행정관들은 항상 단순한 외면과 즉각적으로 눈에
보이는 결과만을 특별히 강조하고 싶어한다. 그들은 권
력에 매혹되고 남으로부터 인정과 감사를 받고자 하는
열망에 유혹을 받는다.

한편 교수들은 승진(昇進)을 위하여 아첨하거나 유순
해지는 경향이 있다. 이상적으로 볼 때 행정관과 교수
사이의 토의는 솔직하고 또 도덕적인 성실성으로 볼 때
높은 수준에 놓여 있다. 빈번히 실망이 따르는 것은 당
연하다. 그러나 행정관의 정신은 그 목표와 기대에 의
하여 평가되지 그 실망의 예에 의해서 평가되는 것은
아니다.

대학의 감독자 또는 평의원은 성격과 태도에 있어서
교수와는 다른 천품을 가져야 한다. 그는 현실을 공평
하고 객관적으로 직면하되 개인의 인격을 존중해야 한
다. 그는 스스로 이룩한 것은 아니지만 자신이 보살펴
주는 하나의 세계가 꽃피우는 데에 자기가 공헌하였다
는 것을 앎으로써 만족을 얻는다. 그러나 허영심을 가

져서는 안 된다. 그는 지적 생활의 우수성을 평가하고
자 노력해야 하며 그 생활을 위해 능력껏 재정적인 결
정을 내려야 한다.

이 모든 것을 행하기 위해서는 고도의 탁월(卓越)한
공평함이 필요하다. 일반적으로 교수들은 이러한 특수
한 요구를 충족시키지 못한다. 교수들은 전문적인 분야
에서 일하기 때문에 당파적(黨派的)이 되기 쉽고, 전문
적인 관심사에 지적으로 몰두하므로 충분히 공평하지
못하다.

물론 예외는 있다. 그러나 행정관이나 교수가 지닌
임무와 필요한 능력이 각각 다르므로 전(前) 교수를 다
른 교수들의 감독자나 평의원으로 만들지 않는 것이 좋
다. 합법적인 훈련을 쌓은 사람, 훈련과 선택에 의해 뽑
힌 행정관이 바람직하다. 만약에 교수들이 그들만을 행
정 관리직에 앉히기를 원한다면 그것은 격렬한 반대에
부딪치지 않으면 안 될 것이다.

최소한도, 책임을 맡고 있는 대학 내에 살고 있는 감
독자라 할지라도 결코 강의가 허용되어서는 안 된다.
감독자의 업무는 완전히 분리되어 있는 행정 관리자로
서의 영역에 국한되어야 한다.

국가 감독의 목적을 정확히 말하자면 완전히 독립되
어 있는 대학에 있어 가능한 타락을 미연에 방지하자는
것이다. 외부의 경쟁심과 탁월함에 대한 공포심으로 말

미암아 스스로를 관리하는 조직체는 자신의 평범성을 보호하는 데에 관심을 쏟는 독점적인 파벌로 변하기 쉽다. 그렇게 되면 불가피하게 승진과 고용(雇用)의 양상은 거의 알아볼 수 없는 점진적인 기준의 저하를 초래하게 될 것이다. 상호 선출 제도만으로써는 더욱더 나은 사람을 배출하지 못할 것이며 그 대신에 평범하고 상식적인 명명자를 선택할 뿐이다.

그러나 국가의 관심이 대학생활을 직접적으로 간섭하는 경우에는 국가의 관리는 대학에 하나의 위협(威脅)이 된다. 국가가 대학으로부터 전문적으로 훈련된 사람들을 배출하는 것 이상의 직접적인 봉사를 요구한다는 것은 대학의 이념에 모순되는 것이다. 따라서 국가가 단지 정치적인 선전을 목적으로 요구한다면 그것은 불행한 일이다. 가르침에 대한 국가의 간섭은 어떠한 것이라도 대학의 이념에 위배(違背)되지 않을 수 없다. 이러한 위험은 국가가 명백한 정치적 목적을 지닌 대학 구성원을 비난하여 그들에 대해 징계조처를 취하고자 간섭하는 경우에 있어서조차도 존재한다.

국가는 행정 사무관·의사·성직자·기술자·화학자 등을 필요로 하기 때문에 교육과는 직접적인 이해관계를 갖고 있다. 그러나 이러한 훈련이 가능한 최선의 결과를 얻기 위해서 어떻게 이루어져야 하는가를 결정하는 것은 대학에 맡겨져야 한다.

국가는 순전히 감독하는 입장에 국한되어야 한다. 따라서 유럽에 있어서 박사시험은 국가가 정한 기준에 따라야 하는 한편, 동시에 오로지 대학에 의해서 관리되는 것이다. 국가는 그 시험의 기준을 부과하는 정도 이외에 그 지적 내용에 대해서는 간섭할 수 없고 그 기준을 유지하는 것은 대학 자체의 이념에 의해 요구되는 것이다.

지적(知的) 귀족사회(貴族社會)의 원리

1930년 미국인 에이브러햄 플렉스너(Abraham Flexner)는 다음과 같은 글을 썼다.

"지성의 귀족사회에서는 무엇이든 고려치 않고 능력만을 근거로 누구든지 속할 수 있는 자격이 주어져야 한다. 이 사실을 별문제로 하더라도 민주주의는 지적인 가능성이 아니라 사회적이고 정치적인 가능성이다."6)

여기에는 두 가지 문제점이 내포되어 있다. 첫째로 지적 귀족사회 자체의 원칙이 존재하며, 대학 내의 계급조직은 그 원칙에 의거한 것이다. 둘째로 이 원칙과 관련된 그 소수 집단에 대해 전체 민주사회가 베푸는 관용(寬容)이다. 둘째 문제는 플렉스너에 의해 역설된 것이며 그것은 정치 문제로 내려오게 된다.

---

6 ≪Universities : American, English, German≫ New York ford University Press(1930) p. 338

지적 귀족사회란 사회학적인 의미에 있어서의 귀족사회가 아니다. 누구든지 지적 귀족사회에 태어난 사람은 대학에 다닐 기회가 주어져야 한다. 이러한 귀족사회는 스스로 이루어 놓은 자유를 갖고 있으며 지체 있는 사람들, 노무자들, 부자와 가난한 사람들을 전부 포함한다. 그러나 그 사회는 매우 드물며 몇 명의 소수(少數)의 집단에 국한되어 있다.

다수 집단은 특권이 있는 개인들과 소수 집단에 대해 늘 적개심을 품어 왔다. 부자와 천부의 재능을 가진 사람들, 또 문화적 전통에 대한 그들의 증오(憎惡)는 항상 굉장한 것이다. 그러나 무엇보다도, 그들은 자기 자신들과 근본적으로 다른 사람들, 즉 거대한 다수 집단으로서는 결코 경험하지 못하는, 그러면서도 숭고한 도전이라고 인정을 하지 않을 수 없는 지식에 대한 참되고 단호한 의지에 의해 움직이는 사람들을 미워한다.

무능력한 사람들은 뿌리 깊은 의지의 결핍 때문에 그러한 도전에 응하고자 일어서지 못한다. 그와는 대조적으로, 가장 숭고한 의지에 대한 사명감을 갖고 있는 사람들은 숭고한 마음과 정신의 의지를 사랑하고 또 조용히 숭배하며 이러한 사랑을 스스로에 대한 더 한층의 요구로 변형시킨다.

이리하여 다수 집단이 정치적인 결정권을 갖고 있으면 언제나 이중적인 선택 과정이 계속 따르게 마련이다.

한쪽으로, 사람들은 독창적이고 타협할 줄 모르는 지성을 지닌 사람을 본능적으로 거부한다. 직무상 역량 있는 사람들이 요구된다 할지라도 위대한 사람들은 공공(公共)의 재앙이 된다는 데에 모든 사람은 은밀히 동의한다. 사람들이 원하는 것은 보통 능력을 지닌 사람이다.

한편 보통 이하의 능력을 지닌 사람들은 탁월한 재능을 지닌 사람들이 다수 집단의 무수한 작은 행위에 의해 밀려나는 것과 똑같이 낙오하게 된다. 그렇다면, 실제에 있어서 그들 사이에 섞여 지식의 탐구에 전념하는 소수를 부양한다는 사실을 어떻게 설명해야 할까? 중세인들은 단체 기능의 위임을 믿었으므로, 신에 대한 명상을 하는 철학자들은 대중을 위해 또 대중을 대표하여 행동한다고 믿었으며, 대중은 그와는 다른 단체 기능을 성취하고 있는 것이라고 믿었다.

현 시대의 대중은 아마도 이러한 단체 기능의 위임을 믿지 않을 것이다. 오늘날 사람들은 '학문(學問)은 좋은 것'(이것은 '학문'에 대한 대중적인 숭배 전체의 근저를 흐르고 있는 믿음이 분명한)이기 때문에 자유롭게 행해질 수 있고 또 유용한 결과를 낳아야 한다는 끊임없는 압력을 받지 않고 마음대로 할 수 있는 장소를 사회 내에서 배당받아야 한다고 주장함으로써 학문과 학술의 존재를 정당화시킬는지도 모른다.

사회가 이와 같은 것을 굳게 믿어 동화와 집산(集散)

으로 향한 타성을 억제할 수 있다고 할지라도, 또 이 거대한 사회 자체가 학술과 학문의 위치를 존중하는 데 동의를 하더라도 여전히 문제는 남아 있다. 사회는 과연 스스로 이해하지 못하는 지식(知識), 그러나 미래의 가능한 유용성을 갖는 지식을 위하여 장소를 남겨 두는 데에 동의할 것인가?

진리의 탐구와 정치와의 관계

정치는 실제적인 투쟁으로서가 아니고 하나의 연구 대상으로서 대학에 존재한다. 정치적 투쟁이 대학에 침투하면 고통을 겪는 것은 대학 자체의 이념이다. 대학의 생존과 외적인 형태는 정치적 결정과 호의에 의존하는 것이므로 국가의 동의하에 국가의 간섭으로부터 벗어나기 때문에 대학의 영역 내에는 정치적 투쟁과 선전이 들어설 여지가 없으며 단지 진리탐구만이 존재한다.

이와 같은 사실은 대학의 가르침에 있어서 절대적인 자유를 필요로 한다는 것을 의미한다. 국가는 대학에 대해 정당 정치나 또는 정치적·철학적·종교적인 이데올로기를 통한 강요에 의해 제어받지 않고 연구와 가르침을 수행할 수 있는 권리를 보장해 준다.

학원의 자유는 연구와 사고뿐 아니라 가르침에까지 미친다. 왜냐하면 사고와 연구는 도전과 의사전달이 필요한데 그것은 가르침이 제공하며, 반대로 가르침은 이 세상의 학자들과 과학자들이 갖는 마음대로 말할 수 있고 또 쓸 수 있는 자유에 의존하기 때문이다. 국가는 학자와 과학자들이 주제를 균형 있게 고찰하는 데 필요한 장기간의 상호 의사교환을 위한 설비를 제공하도록 정해져 있다.

인간의 천성·마음, 그리고 역사를 연구하는 데 가장 극단적인 지적 가능성까지도 탐구되어야 하며 우연적인 직관의 형태로 뿐만 아니라 주요한 지적 생산의 훈련된 연속체로서 행해져야 한다.

이렇게 함으로써만 지적으로 미개한 시대에 있어서도 지식과 문화의 요소를 보전(保全)할 수 있으며, 이것은 좀더 나은 시대에 있어서 많은 대중에게 하나의 고취가 될 수 있다.

학원의 자유는 개인적 생존과 지적인 생존을 하나로 합친 사람들이 존재하는 곳이라면 어디에서나 그 가치를 증명한다. 그러한 사람들이 역사의 힘을 인식하여 스스로 그들의 시대에 대하여 명백하고도 사소한 의존을 탈피할 때 한 시대를 대표하는 정신이 된다.

모든 사람은 잠재적으로 명상과 심사숙고할 수 있는 능력을 가졌다. 그러나 복잡한 가운데 지적 업무를 위한 사명을 갖는 사람은 소수이다. 이러한 소수 집단은 대학공부를 필요로 하는 모든 전문 직업의 구성원들을 포함한다. 이들이야말로 학문의 진보에 대하여 지적으로, 또 비판적으로 응할 수 있써 유일한 집단이다. 진리 탐구가 일반 대중들에게 즉각적이고 구체적인 소용이 되는 이익을 가져오지는 않지만 대중 스스로가 이러한 탐구가 전체 국가의 이익을 위하여 자유롭고 거시적인 명제로서 계속되기를 원한다.

모든 국가가 학원의 자유를 승인할 정도로 진리에 관한 관심을 갖는 것은 아니다. 국가의 방침과 행위의 근본적인 범죄성을 감추기에 열심이라면 그러한 국가는 진리를 원할 수가 없다. 그러한 국가는 대학에 대해 적대감(敵對感)을 갖게 마련이며 단지 대학을 파괴시키기 위해 더욱 친절함을 가장한다.

학원의 자유란 학생과 교수가 자기 나름대로 연구하고 또 자신이 타당하다고 생각하는 대로 가르칠 수 있는 자유를 의미한다. 실제 주제에 있어서도 국가는 각 개인의 재량에 맡긴다. 이로써 국가가 국가를 포함한 모든 간섭에 대항하여 보장하는 바로 그 자유가 명백하게 정의된다. 학원의 자유와 종교의 자유는 모두 국가의 간섭에 대항하여 보증될 뿐 아니라 국가 자신에 의해서 그렇게 보증된다는 점에서 서로 흡사하다.

학원의 자유는 그 자유를 열망하는 학자들이 그 자유의 의미를 의식하고 있어야만 살아남을 수 있다. 그 자유란 자기가 좋은 대로의 일을 말할 수 있는 권리는 아니다. 흥분했을 때 튀어나오는 부분적 진리의 열기 띤 교환이라고 오인되기에는 진리는 너무나도 어렵고 막중한 과제이다. 진리는 학구적인 목적과 진리에 대한 헌신이 수반되는 곳에서만 존재한다. 실용적 목적, 교육적 편견(偏見), 또는 정치적인 선전은 학원의 자유를 기원할 수 없다.

학원의 자유와 헌법상의 언론의 자유는 서로 표면상으로만 비슷할 뿐이다. 그것은 헌법상의 언론의 자유가 폐지된 후일지라도 학문의 자유는 계속될 수 있는 것을 보아 알 수 있다.

교수들은 사적인 시민의 자격으로서 외에는 헌법상의 언론의 자유를 바랄 수 없다. 그들의 직업상 관계를 갖는 대학이 그들이 사적인 시민으로서 발언할 때 그들을 지지해 줄 것을 기대할 수는 없다. 그들이 이러한 보호를 받을 권리를 갖는 것은 오로지 직업적 발표에 관한 경우이며 무심결에 발언한 그의 의견, 정치적 비평, 또는 신문기사 등에 관련된 것은 해당되지 않는다.

학문의 자유로 인해 교수들이 다른 사람들보다 특별한 권리를 부여받는 것은 아니다. 학문의 자유는 지적 철저함, 방법과 체계를 제외한 모든 제약으로부터 벗어나는 직업적인 자유를 의미한다. 학문의 자유는 우리가 공무(公務)에 관해 무책임한 발언을 할 권리를 주지는 않는다. 반대로 우리가 거짓된 위엄으로써 그러한 무심

결에 한 발언을 덮지 못하게 하며 우선 그러한 발언을 하는 데 곱절로 신중하도록 만든다.

물론 정치에는 오랜 전통을 지닌 독단적인 간섭이 따른다. 대부분은 과히 영예스러운 것이 아니며 그 반대의 예란 흔하지도 않고 또한 격식을 벗어난 것이다. 1837년 정치에 반대하였다는 이유로 면직당한 일곱 명의 유일한 괴팅겐(Göttingen) 교수들은, 그들이 정치적으로 의견을 달리했기 때문에 직책을 떠난 것이 아니라 헌법에 대해 행한 선서를 파기함으로써 스스로의 종교적 신념을 저버릴 수 없다고 느꼈기 때문에 떠난 것이다.

막스 베버(Max Weber)가 유일하고도 독특한 예외였다. 그의 정치적 진술은 그 자체가 그의 지적인 업적의 일부였다. 동시대의 민주주의적인 사람들은 그러한 진술을 유식한 체하는 것이며 또 베버의 청중들에게는 너무 어렵게 쓰여졌다고 하였다. 소크라테스로 말하자면 27년에 걸친 스파르타와의 전쟁 동안 한 번도 그 시대의 열띤 논쟁을 불러일으킨 쟁점에 편들지 않았다. 오로지 아르기누새(Arginusae) 전쟁 후 장군들을 사형시키려는 불법적인 투표에 반대하는 사람들 중에서 홀로 민중의 압력에 도의를 저버리고 굴복할 것을 거부한 것이 유일한 예외였다.

이러한 유일한 예외를 지니고 소크라테스는 시민들의 가장 근원적인 동기를 파헤치고자 의도된 질문으로써 그들을 조사하는 데 생애를 바쳤다. 그렇게 함으로써 그 자신은 가장 심한 선동적 정치가보다도 더욱더 시민들을 동요시켰다.

전문적 지식이 당대의 논쟁에 관계되는 경우에는 학자와 과학자는 발언할 권한을 가진다. 그들은 의학적이고 기술적인 또 합법적인 의견이라는 매개체를 통해 그들의 지식을 적용시킬 수 있다. 그들은 그 시대의 국가와 사회의 중대한 문제에는 어떤 것이나 조직적으로 그들의 지식을 적용시킬 수 있다. 그들은 본인 스스로 개입하는 것보다는 이성적인 논거(論據)의 형태로써 자신들의 기여를 느끼게 한다. 증거를 새롭게 설명하고 전체 상황의 형태를 뚜렷하게 제시하는 것이 그들의 업무이다.

정상적인 경우 그들은 단지 직업적인 문의에 응하여 발언하지만 자발적으로 위와 같은 지식을 제공할 자유가 있다. 그러나 실제에 있어 그 시대의 문제에 대한 모든 대답은 주관적인 고려로 한쪽으로 편중되기 쉽다. 질문 그 자체가 너무 과중하게 되기 쉽다. 사회의 질문에 부딪쳤을 때 비판력 있는 학자라면 헤벨의 연극에 등장하는 신부—그는 홀로 페르네스로부터 이미 내려진 결정에 대한 이유를 찾아내라는 명령을 받는다—가 처한 입장에 자기 자신이 얼마나 가까운가를 결코 잊어서는 안 된다.

학문의 자유는 확고하게 향유할 수 있는 하나의 소유

물이 아니다. 봉급을 받는 지위라는 경제적 의존에 교수의 도덕적 성실함에 대한 보이지 않는 위협이 숨어 있다. 불가피하게 교수들은 그들의 이익을 가져다 주고 지위를 제공하는 사회적 상황을 지지하게 되기 쉬우며, 말이나 글을 통하여 현 사태를 인정하고 또 현 정부를 섬기게 되기 쉽다. 쇼펜하우어(Schopenhauer Arthur 1788~1860)가 국가로부터 봉급을 받는 철학교수들에 대하여 우스꽝스럽게 과장된 공격을 퍼부은 이래 공적으로 임명된 교수들은 지나친 불신을 받아 왔다.

그러한 불신은 단지 자기 비판의 형태로써 나타나는 경우에만 타당하다. 소크라테스 이래 상당수의 철학자들이 완전히 자주적 상태를 고수하고 또 어떠한 형태로든지 배상을 거부하는 것이 중요하다고 생각해 온 것은 결코 우연한 일이 아니다.

대학과 국가

그리스에 기원을 두는 대학의 이념은 서구 전통의 일부이다.

대학은 공공재단에 의해 조직된 기구로서 국가에 소속된 것이며, 또한 사적 재단에 의해 설립된 기구로서 국가의 배경의 일부임이 틀림없다. 어느 경우에 있어서나 대학은 전국민의 마음의 표현이다. 대학은 진리와 인류의 발전을 추구하면서 특히 인간성을 표상하고 나서는 데 그 목표를 두고 있다. 인간성이라는 말이 지닌 의미가 얼마나 자주 변했든간에 그것은 대학의 성격 그 자체의 일부이다.

이와 같이 모든 대학이 한 국가의 일부이지만 국가를 초월한 목표를 겨냥하고 있다. 이런 점에서 대학은 적어도 그 차이점은 별문제로 하고 교회의 이념과 비슷하다고 할 수 있다. 대학의 구성원들이 한 인간으로서 각자 스스로 국가에 대한 충성심을 가졌다 하더라도 진정한 의미에서의 대학은 국가간의 충돌에 끼어들어서는 안 된다.

교수 또는 총장이나 학장 자신을 막론하고 대학의 구성원들이 특정 정당이나 혹은 한 국가 전체를 지지하여 정치적 시위 운동(示威運動)을 거행하고자 한다면 그들은 스스로의 지위를 악용(惡用)하는 것이다. 그들은 오로지 지적 창조라는 매개체를 통하여 국가와 전인류에 봉사한다.

그밖의 목적을 위해 오용될 때 대학의 이념은 수난을 당하게 된다. 다른 모든 것과 마찬가지로 국가주의(國家主義)는 합법적인 연구 주제가 되지만 대학 자체의 근본적인 방향을 제시할 수는 없다.

이제 이 책을 끝내게 되었다. 우리는 학문과 또 학문

을 유지시켜 주는 지적 삶의 성격을 밝히려는 시도로 시작하여 하나의 공공 조직체(公共組織體)로서의 대학을 고찰하는 방향으로 이끌어 나갔다.

야기되어야만 했던 여러 가지 논쟁점으로 인하여 하나의 가장 중요한 논점, 즉 고등교육의 생명 바로 그 자체인 대학의 이념이 흐려질 수도 있었을 것이다. 이 이념은 몇 개의 단순한 설명으로 약술될 수는 없으며, 간접적으로 나타내지 않으면 안 되었다. 우리가 좀더 그 진정한 의미를 깨닫게 되기를 바라며 또한 그 이념이 대학생활의 모든 면에서 우리의 판단을 이끌어 주는 기준으로서 합당된 것이기를 빈다.

그 이념의 타당성을 느끼지 못하는 사람으로 하여금 그것을 알게 만들 도리는 없다. 토의는 오직 공통된 바탕이 존재하는 경우에만 보람 있는 것이므로 우리가 이 책에서 한 일이라고는 이미 익숙한 사실들을 새로운 관점으로 설명한 것뿐이다.

우리는 우리 삶에 의미를 부여해 주는 이 이념에 깊이 헌신하고 있다. 그러나 아직도 그 이념에 대한 열의와 그것에 대해 이야기함에 있어 필요한 정신력이 우리에게는 결여되어 있다. 우리는 도처에서 인식되어지기를 기다리고 있는 진리의 흥망이 끊임없이 변화하는 형태에서 대학의 이념을 실현시킬 수 있는 우리의 능력에 달려 있는 것을 잘 알고 있다.

역자 약력
경희대학교 및 동 대학원 졸업
미국 Long Island 대학원 수료
벨기에 University of Louvain 대학원 정치학박사
영국 Oxford 대학원 및 Essex 대학원 연구
미국 Harvard 대학 객원교수 역임
현 경희대학교 교수

저　서
≪한국 정치행정 체계론≫(공저) ≪한국 정치발전론≫
≪현대 각국 정치론≫(공저) ≪민주시민론≫(공저)
≪한국의 학파와 학풍≫(공저)
역　서
≪정치발전론 ≫(공역) ≪근대화와 정치발전≫(공역) ≪신정치 행태론≫
≪근대국가의 자유≫ ≪군중심리학론≫
논　문
〈Political Development in Korea, 1945~1972〉
〈Korean Parties and Political Systems〉
이외 다수

대학의 이념 〈서문문고103〉

개정판 인쇄 / 1996년　2월 20일
개정판 발행 / 1996년　3월　5일
글쓴이 / 칼 야스퍼스
옮긴이 / 민 준 기
펴낸이 / 최 석 로
펴낸곳 / 서 문 당
주　소 / 서울시 마포구 성산1동 20—12호
전화 / 322—4916~8　팩스 / 322—9154
등록일자 / 1973. 10. 10
등록번호 / 제13-16

초판 발행 : 1972년 9월 5일　* 잘못된 책은 바꾸어 드립니다

서문문고 목록

001~303
◆ 번호 1의 단위는 국학
◆ 번호 홀수는 명저
◆ 번호 짝수는 문학

001 한국회화소사 / 이동주
002 헤세 단편집 / 헤세
003 고독한 산책자의 몽상 / 루소
004 멋진 신세계 / 헉슬리
005 20세기의 의미 / 보울딩
006 가난한 사람들 / 도스토예프스키
007 실존철학이란 무엇인가/ 볼노브
008 주홍글씨 / 호돈
009 영문학사 / 에반스
010 쯔바이크 단편집 / 쯔바이크
011 한국 사상사 / 박종홍
012 플로베르 단편집 / 플로베르
013 엘리어트 문학론 / 엘리어트
014 모옴 단편집 / 서머셋 모옴
015 몽테뉴수상록 / 몽테뉴
016 헤밍웨이 단편집 / E. 헤밍웨이
017 나의 세계관 /아인스타인
018 춘희 / 뒤마피스
019 불교의 진리 / 버트
020 뷔뷔 드 몽빠르나스 /루이 필립
021 한국의 신화 / 이어령
022 몰리에르 희곡집 / 몰리에르
023 새로운 사회 / 카아
024 체호프 단편집 / 체호프
025 서구의 정신 / 시그프리드
026 대학 시절 / 슈토롬
027 태초에 행동이 있었다 / 모로아
028 젊은 미망인 / 쉬니츨러
029 미국 문학사 / 스필러
030 타이스 / 아나톨프랑스
031 한국의 민담 / 임동권
032 비계 덩어리 / 모파상
033 은자의 황혼 / 페스탈로찌
034 토마스만 단편집 / 토마스만
035 독서술 / 에밀파게
036 보물섬 / 스티븐슨
037 일본제국 흥망사 / 라이샤워
038 카프카 단편집 / 카프카
039 이십세기 철학 / 화이트
040 지성과 사랑 / 헤세
041 한국 장신구사 / 황호근
042 영혼의 푸른 상혼 / 사강
043 러셀과의 대화 / 러셀
044 사랑의 풍토 / 모로아
045 문학의 이해 / 이상섭
046 스탕달 단편집 / 스탕달
047 그리스, 로마신화 / 벌핀치
048 육체의 악마 / 라디게
049 베이컨 수상록 / 베이컨
050 미뇽레스코 / 아베프레보
051 한국 속담집 / 한국민속학회
052 정의의 사람들 / A. 까뮈
053 프랭클린 자서전 / 프랭클린
054 투르게네프단편집/투르게네프
055 삼국지 (1) / 김광주 역
056 삼국지 (2) / 김광주 역
057 삼국지 (3) / 김광주 역
058 삼국지 (4) / 김광주 역
059 삼국지 (5) / 김광주 역
060 삼국지 (6) / 김광주 역
061 한국 세시풍속 / 임동권
062 노천명 시집 / 노천명
063 인간의 이모저모/라 브뤼에르
064 소월 시집 / 김정식
065 서유기 (1) / 우현민 역
066 서유기 (2) / 우현민 역
067 서유기 (3) / 우현민 역
068 서유기 (4) / 우현민 역
069 서유기 (5) / 우현민 역
070 서유기 (6) / 우현민 역
071 한국 고대사회와 그 문화
  /이병도
072 피서지에서 생긴일 /슬론 윌슨

225 민족주의와 국제체제 / 힌슬리
226 이상 단편집 / 김해경
227 삼략신강 / 강무학 역주
228 굿바이 미스터 칩스 (외) / 힐튼
229 도연명 시전집 (상) /우현민 역주
230 도연명 시전집 (하) /우현민 역주
231 한국 현대 문학사 (상) / 전규태
232 한국 현대 문학사 (하) / 전규태
233 말테의 수기 / R.H. 릴케
234 박경리 단편선 / 박경리
235 대학과 학문 / 최호진
236 김유정 단편선 / 김 유 정
237 고려 인물 열전 / 이민수 역주
238 에밀리 디킨슨 시선 / 디킨슨
239 역사와 문명 / 스트로스
240 인형의 집 / 입센
241 한국 골동 입문 / 유병서
242 토마스 울프 단편선/ 토마스 울프
243 철학자들과의 대화 / 김준섭
244 파리시절의 릴케 / 버틀러
245 변증법이란 무엇인가 / 하이스
246 한용운 시전집 / 한용운
247 중론송 / 나아가르쥬나
248 알퐁스도데 단편선 / 알퐁스 도데
249 엘리트와 사회 / 보트모어
250 O. 헨리 단편선 / O. 헨 리
251 한국 고전문학사 / 전규태
252 정을병 단편집 / 정을병
253 악의 꽃들 / 보들레르
254 포우 걸작 단편선 / 포우
255 양명학이란 무엇인가 / 이민수
256 이육사 시문집 / 이원록
257 고시 십구수 연구 / 이계주
258 안도라 / 막스프리시
259 병자남한일기 / 나만갑
260 행복을 찾아서 / 파울 하이제
261 한국의 효사상 / 김익수
262 갈매기 조나단 / 리처드 바크
263 세계의 사진사 / 버먼트 뉴홀
264 환영(幻影) / 리처드 바크

265 농업 문화의 기원 / C. 사우어
266 젊은 처녀들 / 몽테를랑
267 국가론 / 스피노자
268 임진록 / 김기동 편
269 근사록 (상) / 주희
270 근사록 (하) / 주희
271 (속)한국근대문학사상/ 김윤식
272 로렌스 단편선 / 로렌스
273 노천명 수필집 / 노천명
274 콜롱바 / 메리메
275 한국의 연정담 /박용구 편저
276 삼현학 / 황산덕
277 한국 명창 열전 / 박경수
278 메리메 단편집 / 메리메
279 예언자 /칼릴 지브란
280 충무공 일화 / 성동호
281 한국 사회풍속야사 / 임종국
282 행복한 죽음 / A. 까뮈
283 소학 신강 (내편) / 김종권
284 소학 신강 (외편) / 김종권
285 홍루몽 (1) / 우현민 역
286 홍루몽 (2) / 우현민 역
287 홍루몽 (3) / 우현민 역
288 홍루몽 (4) / 우현민 역
289 홍루몽 (5) / 우현민 역
290 홍루몽 (6) / 우현민 역
291 현대 한국시의 이해 / 김해성
292 이효석 단편집 / 이효석
293 현진건 단편집 / 현진건
294 채만식 단편집 / 채만식
295 삼국사기 (1) / 김종권 역
296 삼국사기 (2) / 김종권 역
297 삼국사기 (3) / 김종권 역
298 삼국사기 (4) / 김종권 역
299 삼국사기 (5) / 김종권 역
300 삼국사기 (6) / 김종권 역
301 민화란 무엇인가 / 임두빈 저
302 건초더미 속의 사랑 / 로렌스
303 야스퍼스의 철학 사상
　　　 / C.F. 월레프